KB264036

전국국어교사모임과 함께하는

멘토의 국어 수업 화법

전국국어교사모임과 함께하는
멘토의 국어 수업: 화법

초판 1쇄 발행 2026년 1월 15일

지은이   배광호 김나연 배희자 이연화 최시원
펴낸이   이영선
책임편집   이현정 안주영

편집   이일규 김선정 김문정 김종훈 이현정 조유진
디자인   김회량 위수연
독자본부   김일신 손미경 정혜영 김연수 김민수 박정래 김인환

펴낸곳 서해문집 | 출판등록 1989년 3월 16일(제406-2005-000047호)
주소 경기도 파주시 광인사길 217(파주출판도시)
전화 (031)955-7470 | 팩스 (031)955-7469
홈페이지 www.booksea.co.kr | 이메일 shmj21@hanmail.net

ⓒ 배광호 김나연 배희자 이연화 최시원, 2026
ISBN 979-11-94413-78-3 04370
ISBN 979-11-94413-77-6 (세트)

전국국어교사모임과 함께하는

멘토의 국어 수업 화법

말하면서 자라게 하는 법

배광호 김나연 배희자
이연화 최시원
지음

서해문집

발간사

그러니까 이 책은 공주에서
피어올랐습니다

그동안 전국국어교사모임(전국모)이 열어준 공부 자리를 참 많이도 찾아다녔습니다. 그곳에서 만난 눈 맑은 선생님들과 함께 나눴던 이야기는 강물처럼 흘러들어 우리를 적셨습니다. 그곳에서 얻은 살뜰한 배움은 힘든 순간마다 샘물처럼 솟아올라 아이들을 다시 만나게 하는 기운이 되었습니다. 2023년 1월의 전국모 겨울 연수도 그랬습니다. 공주의 구도심을 가르는 제민천 가에서 만난 선생님들은 생기가 넘쳤습니다. 돌림병의 지난한 시간이 이런 배움의 자리를 더욱 갈망하게 했을까요? 어느 때보다도 뜨거웠던 그날의 열기는 지금 돌이켜봐도 대단했습니다. 국어 수업 하나만으로도 선생님들의 이야기는 멈출 새가 없었습니다. 분명 우리는 서로를 향해 있었습니다. 연수를 마치고 눈 쌓인 부소산성 길을 걸으며 우리가 만난 선생님들의 눈빛을 떠올렸습니다. 이들을 위한 내비게이션과 같은 안내서가 있으면 좋겠다 싶었습니다. 그래서 지역 모임으로 돌아가 현장의 선생님들과 함께 그동안 국어 수업을 하며 품었던 궁금증을 차곡차곡 쌓아 올렸습니다. 그리고 그 질문의 꼭대기에 거뜬히 올라 우리의 멘토가 되어줄 선생님들을 수소문했습니다. 이렇게 전국모가 낳은 내로라하는 고수들에게 2년여를 묻고, 묻고, 또 물어 얻은 대답이《멘토의 국어 수업》입니다.

그러니까 이 책은 공주에서 피어올랐습니다. 더 나은 국어 수업을 향한 수많은 마음이 이 책을 낳은 것입니다. 그래서 이 책의 내용은 화법, 작문, 독서, 문학, 매체, 문법 등 영역을 가리지 않고, 결국 '어떻게 더 나은 국어 수업을 할 수 있을까?'로 수렴됩니다.

국어 수업에 막 발을 들여 앞길이 막막할 때, 어느 순간부터 수업이 막혀 고민이 깊어질 때, 지금까지의 수업을 한 단계 더 끌어올리고 싶을 때, 여기 실린 멘토들의 귀한 대답이 길을 밝혀줄 것입니다. 이론과 실제를 넘나들기에 이 책은 국어 수업을 관통하는 철학서이자, 교실에서 바로 활용 가능한 실용서라 할 수 있습니다. 이 책을 통해 많은 선생님이 전국모를 대표하는 멘토들을 곁에 두고, 언제든 쉽게 만날 수 있기를 바랍니다.

밤낮으로 애쓴 글쓴이들과 서해문집 출판사가 있어 이 아름다운 책이 세상에 나왔습니다. 깊이 감사드립니다.

경기국어교사모임 회장 김형태
연수국장 김선산

다섯 편의 화법 수업 메이킹 필름

화법 수업을 더 잘해보고자 이 책을 펼치신 선생님께 저희가
준비한 화법 수업의 '메이킹 필름'을 공개합니다. 영화의 제작
과정을 담은 메이킹 필름이 작품의 의도와 시행착오, 고비와
성취를 보여주듯, 이 책도 각 수업의 모든 과정을 차근차근
따라갑니다. 수업 아이디어가 떠오른 순간부터 설계 과정에서의
고민, 실행 중 마주한 어려움과 해결, 모든 노고를 녹여준
아이들의 변화, 수업에 사용한 활동지, 그리고 마무리 후의
뒷이야기까지 진솔하고 생생하게 담았습니다.

시작은 화법 수업을 아우르는 철학과 의미에 대한 이야기입니다.
어떤 인간관과 태도로 담화에 참여해야 하는지, 화술을 넘어
마음과 마음이 이어지는 소통의 목적과 방법은 무엇인지 담화
유형별로 자세히 풀어갑니다. 이를 바탕으로 개인적 화법과
공식적 화법의 수업 및 수행평가 설계 방향도 함께 살펴봅니다.
대담을 지나면 중학교와 고등학교 교실을 담은 작품이 각 두 편씩

이어집니다.

대화 수업을 다룬 첫 작품에서는 중학생 특유의 귀엽고도 거친 말들이 오가는 교실 장면이 고스란히 재현됩니다. 친구 관계에서 겪는 실제 경험을 실마리로 '사과하기, 속상한 일 말하기, 감사하기'라는 말하기 3종 세트와 '입으로 듣기'가 중학생 취향에 딱 맞는 줄임말로 제시됩니다. 마지막에는 선생님의 어린 시절 회고와 대화에 여유를 가지게 된 이야기가 잔잔하게 클로즈업됩니다.

다음 작품은 작문·매체·화법 영역을 융합해 구성한 또 다른 중학교 수업입니다. 아이들이 가장 부담스러워하는 발표 활동을 최종 목표로 삼게 된 사연, 그리고 설명문 쓰기에서 매체 제작으로 이어지는 흐름이 가까이에서 섬세하게 그려집니다. '직업 탐색'이라는 주제로 진행된 이 수업은 아이들뿐 아니라 선생님에게도 자신을 돌아보게 하는 시간을 선물합니다. 학생들의 개성과 잠재력을 믿고 그것을 발휘할 기회를 주겠다는 선생님의 다짐으로 따뜻하게 마무리됩니다.

이제 작품은 고등학교 수업으로 전환됩니다. 제목부터 감각적인 '모둠전傳으로 맛있게 즐기는 고전소설 스토리텔링'은 수행평가가 발표 활동으로 몰리는 현실 속에서 어떤 과정을 거쳐 흥행에 성공했는지를 시행착오와 학생 반응 등을 통해 실감 나게 보여줍니다. 이 수업 이야기 자체가 하나의 스토리텔링입니다.
문학과 화법을 중심으로 매체와 작문까지 자연스럽게 융합한
이 수업에서, 학생들이 '예인의 힘'을 느끼기를 바라는 선생님의
꿈이 실현됩니다.
마지막 작품은 '작은 학술제'가 열리는 고등학교 교실을
보여줍니다. 한 권 읽기도 쉽지 않은데 두 권씩이나 재미있게
읽어내고, 서평을 넘어 비평으로 나아가며, 글쓰기도 벅찬
상황에서 세미나까지 이뤄낸 아이들의 이야기가 펼쳐집니다.
읽고 듣고 말하고 쓰기가 순환하는 '좋은 수업'을 고민하며
오래도록, 더 멀리 나아가고 싶다는 선생님의 따뜻한 소망이
그 속에 깊은 울림으로 스며듭니다.

우리는 이 메이킹 필름을 만들면서 하나의 길을 더욱 분명하게
봤습니다. 교육과정과 교과서만으로는 수업하기 어려운 교실
현장에서 교사의 전문성과 자율성, 그리고 동료성이 멋진 길을
만든다는 사실입니다. 우리의 이 작업이 그 길을 더 넓히기를
바랍니다. 그 길 위에서 더 많은 선생님과 학생이 생기롭게
만나기를 기대합니다.
화면에는 배우들만 보이지만 그 뒤에는 보이지 않는 많은 사람의
정성이 깔려 있듯, 이 작품도 많은 선생님과 학생의 마음에 기대고

있습니다. 모두에게 감사드립니다. 특히 이 뜻깊은 시리즈물의 기획과 감독을 맡아 애쓰신 김형태, 김선산 선생님과 서해문집의 김선정, 이현정, 안주영 편집자님께 감사드립니다.

2026년 새날,
대전의 스터디 공간에서 함께한
모든 글쓴이

차례

INTRO
대담

말하면서 자라게 하는 짐, 휘또

INTRO 대담:

말하면서 자라게 하는 법, 화법

멘토: 배광호

마음과
마음을 잇는
말 공부

말하면서 자라게 하는 법, 화법

김나연　안녕하세요. 저는 올해로 교직 생활 3년 차에 접어든 국어 교사입니다. 문학, 화법, 독서 등 국어의 다양한 영역을 가르치면서 참 어려움이 많았어요. 특히 화법 수업이 제일 어렵더라고요. 다른 영역에 비해 자료나 사례도 적고, 저도 경험해본 유형이 많지 않아서 어떻게 가르쳐야 할지 항상 고민이 됐습니다. 많은 선생님이 저와 비슷한 고민을 하고 계실 거 같아요.

오늘은 화법 수업을 꾸준히 연구하고 실천해오신 배광호 선생님을 모시고 이야기를 나눠보려고 합니다. 선생님은 화법 관련 책도 쓰시고, 연수도 여러 차례 진행하셨어요. 저는 선생님의 책을 읽고 연수를 들으며 화법 수업에 관심을 갖게 됐습니다. 그래서 오늘은 선생님께 구체적이고 깊이 있는 질문을 드려보려 합니다.

본격적인 질문에 앞서 선생님께서는 어떻게 화법에 관심을 갖게 되셨나요?

  화법 과목을 따로 의식해서 관심을 가진 건 아니었습니다. 저는 '학생이 직접 참여해서 실행해봐야 진정한 앎이 될 수 있다'는 생각으로 활동식·발표식 수업을 많이 했거든요. 그러다 보니 자연스럽게 발표, 세미나, 토론을 자주 하게 됐죠. 화법 수업을 따로 한 게 아니라 다른 영역과 통합해서 진행한 셈입니다. 그러던 중 제가 근무하던 학교가 자립형공립고로 지정되고 독서, 토론, 책 쓰기를 특색 사업으로 추진하면서 토론 수업을 체계적으로 하게 됐습니다. 그 과정을 책으로 내기도 했죠.

대화 수업은 또 다른 계기로 시작됐습니다. 제가 원래 '마음'에 관심이 많았는데, 상담부장을 할 때 전문 상담심리 과정 연수를 받으면서 대화법을 알게 됐어요. 그러니까 대화법을 처음 배워서 적용한 건 상담 기법으로서의 대화예요. 저와 최시원 선생님이 쓴 《중·고교 선생님을 위한 화법 수업 34차시》에 실린 '마음 듣기'의 한 차시 수업은 그 연수 과정에서 경청 실습한 걸 그대로 수업으로 만든 것입니다.

이후 다른 학교로 옮겼을 때 비폭력대화센터 강사 분을 초빙해서 비폭력 대화 연수를 받았어요. 그건 상담 대화보다 훨씬 체계적이고 대화에 대한 철학도 좋아 상당히 감명받았어요. 그래서 비폭력대화센터에서 하는 기초 과정을 따로 듣고 교육청 연수에도 참가했죠. 결국 그걸 토대로 교실 수업 50분에 맞게 15차시 정도로 재구성해서 '공감 대화법'이라는 수업을 만들었습니다.

김나연　상담 기법으로서의 대화와 비폭력 대화는 어떻게 다른 건가요?

배광호　가장 큰 차이는 대화하는 사람들의 관계예요. 상담 대화는 내담자와 상담자의 위계와 자아 개방 정도가 서로 다릅니다. 내담자는 개인적 자아까지 개방하지만 상담자는 그렇지 않죠. 또 상담 대화는 문제 해결을 목표로 상당히 전문적이고 계획적으로 진행되는 경우가 많아요. 그에 비해 비폭력 대화는 대화 주체가 동등한 위치에서 개인적 자아를 최대한 개방하고, 공감 그 자체를 목표로 진솔하게 이야기하는 것입니다.

김나연　교육 현장에서 보면, 화법은 다른 영역보다 교사들의 관심과 지식이 상대적으로 적은 것 같습니다. 다른 영역의 보조 활동으로만 여겨지는 경우가 많죠. 이런 문제를 어떻게 극복할 수 있을까요?

배광호　왜 그런지 원인부터 생각해보면 좋을 거 같네요. 화법 수업에 관심이 적은 원인은 '수능에서의 효율성이 낮기 때문이 아닐까'라고 생각해요. 수능 화법 문제는 진짜 화법을 평가하는 게 아니잖아요. 시험지 위에서 가상으로 하는 거라 비문학 문제 풀듯 풀면 되죠. 듣기나 말하기도 문제집으로 공부하면 충분하니까 굳이 수업을 안 해도 되는 것입니다.

결국 수업이나 평가, 학교생활기록부 기록 등 모든 교육과정이 상급 학교, 특히 대학 입시와 직결되어 있어서 이런 문제가 생기는 거예요. 그러니 대책도 입시에서 찾을 수밖에 없습니다. 입시 제도가 혁명적으로 바뀌어서 흔히 말하는 '학교 교육과정 정상화'가 이뤄지면 된다고 봅니다.

하지만 제도와 시스템 개혁은 절차도 복잡하고 시간도 오래 걸립니다. 매일 성장하는 학생들은 그걸 기다릴 여유가 없어요. 그래서 선생님들의 자율적이고 전문적인 수업 역량이 필요합니다. 선생님들께서는 이미 화법의 중요성을 잘 알고 계시니까 학생이나 학교 상황에 맞게 설계하고 실천하시면 됩니다. 그걸 위해 이 책을 매개로 지혜를 모으고 힘을 얻으시면 좋겠습니다.

김나연 교사들이 화법에 관심을 가져야 할 가장 큰 이유는 무엇일까요?

배광호 답을 하기 전에 질문 하나 드리겠습니다. 말과 관련된 속담을 생각나는 대로 말씀해보실래요?

김나연　"말 한마디로 천 냥 빚을 갚는다" "낮말은 새가 듣고 밤말은 쥐가 듣는다" "가는 말이 고와야 오는 말이 곱다" "말이 씨가 된다"….

배광호　술술 나오시네요. 그만큼 말이 살아가는 데에 중요하다는 뜻이겠죠. 말을 잘하면 일이 쉽게 풀리기도 하고, 반대로 말 때문에 일이 꼬이기도 합니다. 말은 일상생활의 문제를 해결하는 것뿐만 아니라 인간의 생존과도 깊이 연관되어 있습니다. 너무 과장하는 거 아니냐고요? 지금부터 그 원리를 말씀드릴게요.

사람은 물질과 정신으로 살아갑니다. 공기, 물, 음식 같은 물질이 순환해야 우리 몸이 건강하게 유지되죠. 그런데 물질만 풍요롭다고 건강하고 행복하게 살 수 있을까요? 요즘같이 풍요로운 시대에도 마음이 병들면 몸까지 무너지잖아요. 오히려 물질이 조금 부족해도 정신이 건강하면 활기차고 행복하게 살 수 있죠.

그러면 마음의 건강과 성장은 어떻게 이룰 수 있을까요? 마음은 마음과 이어져야 합니다. 물질이 순환하듯, 마음이 소통을 통해 이어질 때 존재감을 느끼고 자신감을 얻을 수 있죠. 교육과정에서는 이를 '자아 개념'이라고 부르더라고요. 그렇다면 마음은 어떻게 이어질까요? 바로 '말'을 통해서입니다. 여기서 말은 비언어와

준언어를 포함한 개념입니다. 정혜신 정신과 의사는 《당신이
옳다》라는 책에서 적어도 하나의 마음과 이어져야 생존할 수 있다고
했어요.

다만 모든 말이 마음을 이어주는 건 아닙니다. 어떤 말은 마음에
깊은 상처를 남기기도 하죠. 그래서 화법에 관심을 가지고 마음을
이어주는 말을 배워야 합니다. 좋은 화법이 사람을 살리고 행복하게
해요. 즉, 화법의 질이 삶의 질이 되는 거죠.

김나연 선생님 말씀처럼 학생들이 서로 '마음을 이어주는 말'을
주고받는 게 중요한데요. 현실에서는 이런 말보다 마음에 상처를
남기는 말이나 자신의 입장만 앞세우는 말을 더 많이 하는 것
같습니다. 의사소통보다는 의사 전달에 가까운 방식인 거죠.
그래서 그런지 2022 개정 교육과정을 보면, 2015 개정 교육과정의
'의사소통 역량'이 '협력적 의사소통 역량'으로 바뀌었더라고요.
선생님께서는 협력적 의사소통이 왜 중요하다고 생각하시나요? 또
화법 수업에서 협력적 의사소통 역량을 어떻게 길러줄 수 있을까요?

배광호 협력적 의사소통이란 화법 주체가 의사소통의 참여나
진행을 동등하게 나눠 갖는다는 뜻입니다. 그렇게 해서 정보나
의견을 서로 적극적으로 제공하고 수용해 더 나은 결과를

만들어내는 걸 말하죠. 그러기 위해서는 공동의 목표나 가치를 인식하고 존중하는 게 중요합니다.

예를 들어 '중학생의 사회적 소통망(SNS) 사용'을 주제로 토론한다고 해보죠. 찬성이든 반대든 결국 학생의 정신적 발달을 가져오고 인권을 존중해야 한다는 상위 목표를 인식하고 토론에 참여해야 해요. 이를 위해 상대 의견을 경청하고, 질문도 던지고, 비판도 수용하면서 자신의 의견을 적극적으로 제시하는 태도가 필요합니다.

화법 수업에서는 어떤 유형의 담화든 실습을 꾸준히 하면, 이런 역량이 자연스럽게 길러진다고 봐요. 오히려 다른 영역이나 과목에서 학습 대화 중심의 수업을 설계하시면 큰 도움이 될 것입니다.

정확하게 듣고 말하는 일곱 가지 길

말하면서 자라게 하는 말, 화답

김나연 교육과정에서는 화법을 '언어, 준언어, 비언어, 매체 등을 활용해 서로의 생각과 감정을 주고받는 행위'라고 정의합니다. 화법을 가르치는 교사는 화법을 무엇이라고 이해해야 할까요?

배광호 '화법'은 우리 국어 교사끼리 말할 때는 화법 과목이나 화법 수업을 뜻하지만, 일반적으로는 말 그대로 '말하는 법'입니다. 사전에도 그렇게 나와 있더라고요.

저는 이런 일반적인 정의에 국어과의 전문성을 더해서 화법이란 '화자와 청자가 생각과 감정을 소통하기 위해 말을 사용하는 방법'이라고 정의 내리고 싶어요. 여기서 '화자와 청자'는 화법의 주체이고 '생각과 감정'은 소통의 내용, '소통'은 목표, '말'은 매개체 또는 수단입니다. 앞에서도 말씀드렸듯이 말에는 항상 비언어, 준언어, 매체가 포함됩니다.

김나연 화법의 목표인 소통에 대해 더 구체적으로 말씀해주시겠어요?

배광호 소통은 화법에서 가장 중요한 말입니다. 사회에서도 소통이란 말을 정말 많이 쓰는데요. 그건 모두 화법과 직결됩니다. 쉽게 말하면 내가 표현한 내용과 상대가 이해한 내용이 일치하는 것, 그게 소통입니다. 내가 한 말이 상대에게 나의 뜻대로 전해지고, 상대가 한 말이 나에게 상대의 뜻대로 전해지는 거죠. 일치가 이뤄지지 않는 원인과 책임은 양쪽 모두에 있어요. 듣는 사람이 집중하지 않거나 자기식대로 들으면 안 됩니다. 말하는 사람도 상대의 상황을 고려하지 않고 자기 말만 하면 안 되고요. 결국 화법은 상대의 말을 듣고 상대의 감정과 생각이 정확히 무엇일지 알아내려고 노력하는 것이고, 나의 감정과 생각을 나의 의도대로 전하려고 애쓰는 것입니다. 그걸 배우는 게 화법 수업이죠. 아무리 말을 유창하고 유식하게 잘해도 듣는 사람이 말한 사람의 의도를 정확히 파악하지 못한다면, 그건 잘 말한 것이 아닙니다. 물론 듣는 사람에게도 책임은 있죠. 귀 기울여 듣지 않으면 내용을 알 수 없으니까요. 화법은 말하기에 치우치는 경우가 많지만, 실제로는 듣기가 매우 중요합니다. 그래서 화법 수업을 시작할 때는 먼저 듣기의 중요성을 꼭 짚고 넘어가야 합니다.

김나연 화법 수업에서는 여러 담화 유형을 다루잖아요. 유형마다 '소통'이라는 목표를 달성하는 방식이 조금씩 다를 것 같습니다. 화법의 여러 유형에는 각각 어떤 특징이 있는지 구체적으로 설명해주시겠어요?

배광호 어떤 사람이 "너는 왜 맨날 그러냐. 이렇게밖에 못 하냐?"라고 말했다면 듣는 사람의 기분이나 감정이 어떨까요? 나름대로 열심히 했는데 이런 말을 들으면 굉장히 우울하고 화가 날 수도 있겠죠. 이럴 땐 위로나 공감을 받고 싶을 것입니다. 그래서 가까운 사람에게 털어놓게 되죠. 이때 어떤 종류의 말을 할까요? 당연히 감정 어휘를 쓸 것입니다. 이 상황에서는 논리적인 언어나 사실적인 언어는 잘 쓰지 않겠죠.

그런데 이야기를 들은 상대가 "야, 그게 우울해할 일이야? 네가 그렇게 했으니까 그런 결과가 나온 거잖아"라고 말한다면 기분이 어떨까요? 더 짜증이 나면서 '다시는 너한테 말 안 한다'라고 결심하겠죠. 감정의 소통이 이뤄지지 않은 것입니다. 이 상황에서는 분석하고 판단하는 논리적인 언어가 맞지 않습니다. 대화에서는 개인적인 감정을 있는 그대로 받아주고 소통하는 게 목표이기 때문이죠. 이걸 공감이라고도 합니다. 공감으로 존재감과 자존감을 되찾게 하고, 관계를 돈독하게 하는 게 목적이죠.

가끔은 좋은 정보를 알았을 때가 있어요. 예를 들어 어느 식당의 음식이 아주 맛있다는 정보를 알았다고 해볼까요? 적어도 친한 사람에게는 알려주고 싶을 것입니다. 이때는 사실적이고 정보적인 언어를 사용할 거예요. 이렇게 개인적으로 하면 '설명'이고, 여러 사람 앞에서 공식적으로 하면 '발표'가 됩니다. 발표의 주체는 해당 분야에 관심이 있는 사람이고, 내용은 주제에 대한 정보이며, 사실적 정보가 담긴 언어를 많이 씁니다. 매체 자료가 많이 필요할 수도 있어요. 목적은 정보의 전달과 공유, 이해죠.

그다음에는 이해관계가 부딪히는 경우를 생각해볼까요? 예를 들어 가족끼리 외식할 때 "피자 먹으러 가자" "피자 그건 간식이지. 감자탕집에 가자"처럼 의견이 갈리잖아요. 피자와 감자탕은 합의가 어려울 거 같아요. 하지만 합의점을 찾아야 외식할 수 있겠죠. 이게 '협상'입니다. 협상이란 말은 공식적인 경우에 주로 사용되지만, 원리상으로는 개인적인 화법에서도 많이 쓰입니다. 협상에서는 상호 신뢰를 바탕으로 논리와 감성을 갖춘 설득적 언어가 필요하고, 당사자 모두가 받아들일 수 있는 최선의 결론을 얻는 게 목적이죠.

또 사람들을 설득하고 연대감으로 함께 묶어서 한 방향으로 끌어가고 싶을 때도 말이 필요합니다. 이때의 유형은 무엇일까요?

그렇죠. '연설'입니다. 개인이 연설할 기회나 필요가 많지는 않은데요. 대중 연설 같은 공식적인 자리가 아니더라도 작은 공동체에서 친교적인 목적으로 연대감이나 일체감을 높이기 위해 말하는 자리도 꽤 있습니다. 이때는 아리스토텔레스가 말한 세 가지 요소인 논리, 감정, 공신력이 다 필요하죠.

그리고 어떤 현상이나 대상에 대해 의견이 생길 때가 있죠? 교육 현장에서는 교육에 대한 의견이 넘쳐납니다. 문제를 인식하고 개선하려는 목소리들이죠. 그건 감정도 아니고 사실적 정보도 아닙니다. 주장, 이유, 근거로 이뤄진 논리 또는 논증입니다. 논리를 구성해서 주장하고, 그걸 검증해 오류를 최소화하는 게 목적이죠. 흔히 토론의 목적을 설득이라고 하지만, 저는 조금 다르게 생각합니다. 토론으로 설득이 잘 되던가요? 상대 입장의 사람들이나 청중을 설득하는 게 최종 목적일 수는 있지만, 토론만 한정해서 본다면 논리의 구성과 검증이 우선입니다. 이런 과정을 거친 논리는 더 나은 결론을 내릴 바탕이 됩니다. 상대를 설득할 명분도 되겠죠. 토론은 검증까지만 하고 토의는 결론을 채택·의결하는 절차까지 나아갑니다. 이해 당사자의 범위가 넓거나 중요한 사안에 대해 최선의 결론을 내리기 위해 꼭 필요한 유형이죠.

화법의 여러 유형과 특징

요소 유형	주체	소통의 내용	말의 성격	목적
대화	개인	개인 고유의 감정	감정적·감성적 언어	공감, 돈독한 관계 형성
발표	해당 분야 관련자	주제나 대상에 대한 정보	사실적·정보적 언어	정보 전달·공유·이해
협상	이해 당사자	문제에 대한 요구 및 해결 방안	설득적 언어 (상호 신뢰, 논리, 감성)	공동 수용 가능한 결론 도출
연설	일반 대중이나 특정 공동체	사회적·공동체적 공동 감정	설득적 언어(논리, 감정, 공신력)	설득, 연대감
토론	이해 당사자	의견, 생각, 논리	논리적·논증적 언어	논리 검증 (오류 최소화)
토의				문제 해결, 의결
면담	면담자, 면담 대상자	특정 분야 관련 내용, 경험	사실적·개인 서사적 언어	지식 정보 구성, 경험·인식 확장

그리고 누군가의 의견이나 경험, 지혜를 듣고 싶을 때가 있습니다.
그러려면 질문을 준비하고 약속을 잡아 찾아가서 질의응답을
해야겠죠. 이런 화법 유형이 면담, 인터뷰입니다. 특정한 목표를

세우고 절차에 따라 협력적으로 질문을 수정해가며 공식적으로

진행하는 화법이죠. 유명인이 아니어도 깊이 있는 면담으로 새로운

지식을 구성하고 경험과 인식을 확장할 수 있습니다.

이런 화법 유형들은 격식을 갖춘 공식적인 자리에서는 독립적으로

구분해서 진행할 수 있습니다. 하지만 일상에서는 여러 유형이

비격식적으로 뒤섞여요. 처음에는 공감 대화로 시작했는데

이야기하다 보면 어떤 주제에 대한 가벼운 토론이 되기도 합니다.

어떤 결정을 내려야 할 때는 협상이나 토의가 될 수도 있죠. 학술

세미나 같은 데에서 친교적 대화, 발표, 토론, 협상, 면담 등이

한자리에서 함께 이뤄지는 것처럼요.

특히 수업 시간에 나누는 학습 대화가 그렇습니다. 다른 말로 모둠

대화, 소집단 대화라고도 부르는데, 이 안에는 여러 유형이 섞여서

나타납니다. 학습 초기의 관계 형성 단계에서는 공감 대화의 원리가

적용되고, 개인의 지식을 모아 공동 지식을 구성하는 활동에서는

발표나 토의의 원리가 필요합니다. 상반된 주장이나 의견을

제시하고 따져보는 활동에서는 토론의 원리가 적용되죠.

언변과
화술 너머의
배움들

말하면서 자라게 하는 법, 화법

김나연　이제 화법의 유형에 대해서 확실히 이해가 됐습니다. 이번에는 학생들과 관련된 질문을 드리고 싶은데요. 교육과정에서는 화자와 청자가 듣기·말하기를 통해 의사소통 목적을 달성하고, 문제를 해결하며, 담화 공동체 구성원으로 성장하고, 상호 존중하는 소통 문화를 만들어갈 수 있다고 이야기합니다. 학생들이 화법을 배워야 하는 이유는 무엇일까요?

배광호　한마디로 말씀드리자면 아이들이 정말 소중한 걸 놓치지 않았으면 좋겠어요. 사람은 눈만 뜨면 대부분 누군가와 말하면서 살아갑니다. 마음을 나누기도 하고, 필요한 걸 얻기도 하고, 정보를 주고받기도 하고, 서로 다른 주장을 펼치기도 하면서요. 이때 상황마다 적절한 종류의 언어를 사용하고 적절한 방법을 적용한다면, 삶 자체가 얼마나 원활하게 잘 돌아갈까요? 화법은 일상생활을 잘하기 위해 배우는 것이니, 화법 수준이 올라가면 삶의 수준과 질도 크게 달라질 거예요.

이런 긍정적인 효과를 얻기 위해서는 말하는 방법의 바탕에 있는 중요한 철학, 즉 인간관과 태도를 함께 배우는 것이 필요합니다. 이게 없이 방법만 배우면 언변이나 화술 차원에 머물게 되죠. 그렇다면 화법의 바탕에 있는 인간관과 태도는 무엇일까요?

화법에서 인간관이란 말을 나누는 상대를 어떤 존재로 볼 것인가 하는 문제입니다. 사소하게 보이지만 이 마음가짐에 따라 나오는 말이 달라지죠. 이는 말이 마음에서 나온다는 전제에 바탕을 두고 있기도 합니다. 이 마음가짐이 잘 잡혀 있으면 말 한두 마디가 잘못 나가더라도 큰 문제가 안 돼요. 상대가 어떤 마음으로 그 말을 했는지 아니까요.

구체적으로 말씀드리면 화법에서 기본적으로 배워야 할 인간관은 상대를 고유한 존재이자 존엄한 목적적 존재로 보는 것입니다. 고유한 존재로 본다는 것은 그 사람이 어떤 상황에서 어떤 언행을 하는 건 잘했거나 못한 게 아니라 그럴 수밖에 없는 고유한 특징이라는 뜻입니다. 쉽게 말하면 판단, 비판, 비교하지 않는 거예요. 그러면 말과 태도에서도 상대를 함부로 평가하지 않고 있는 그대로 존중하게 됩니다.

또 목적적 존재로 본다는 건 상대를 존엄한 자율적 인격체로

대한다는 뜻입니다. 사람을 수단적·기능적으로 보지 않는다는 거죠.

성과나 성적이 좋으면 가치가 있고, 그렇지 못하면 쓸데없다고 여겨

차별하거나 무시하지 않는 것입니다. 인간은 성적, 성별, 인종, 종교

등을 다 떠나서 존재 자체로 존엄합니다. 이런 마음이 있으면 말이

다소 서툴더라도 인간적인 소통이 가능하겠죠.

고유성은 주로 개인적인 화법인 대화 유형에서 더 중요하고,

목적성은 공식적인 화법에서 더 중요합니다. 하지만 두 가지는

분리된 게 아니라 서로 이어져 섞여 있습니다. 따라서 어떤 유형의

화법에서도 모두 필요하죠.

또 하나 중요한 점이 있어요. 인간은 오류를 범할 수밖에 없는 한계가

있지만, 지혜에 이를 가능성 또한 지니고 있다는 사실입니다. 이건

토론과 토의에서 중요한 바탕이 되는 인간관입니다. 이 점을 잘

알면 상대의 비판을 듣게 되어 있어요. 자신이 철저하게 논증을

준비했더라도 오류가 있을 수 있다는 것을 아니까요. 내가 발견하지

못했던 오류를 상대가 알려주면 오히려 고맙게 생각하죠. 게다가

다른 사람의 말도 오류가 있을 수밖에 없기 때문에 더 정확하게 듣고

따져보게 됩니다. 이건 다른 사람의 말을 들을 때든, 사회 현상이나

뉴스를 볼 때든 다 통해요. 그래서 토론 교육에서 이런 태도가

길러지면, 학생들은 세상을 주체적으로 분별력 있게 바라보게
됩니다.

마지막으로 화법을 배워야 하는 이유는 말하기를 통해서만 배울 수
있는 게 있기 때문입니다. 그건 바로 경청과 질문인데요. 말하기는
현장성과 역동성이 중요합니다. 다시 말해, 듣고 이해하고 표현하고
확인하는 과정을 그 자리에서 끝내야 한다는 특성이 있죠. 그러므로
상대와 적극적으로 상호 작용하며 능동적으로 참여하는 태도와
능력을 배울 수 있어요. 이게 화법에서 경청과 질문이 중요한
이유입니다.
문자 언어 영역은 다릅니다. 고정된 글자를 대할 때는 다른 의견이나
의문이 생겨도 묻거나 확인할 방법이 없어요. 그래서 오해나
오독인지도 모르고 그냥 넘어가기 쉽습니다. 하지만 말하기는
미묘한 뜻의 차이까지도 그 자리에서 묻고 확인할 수 있습니다.
우리나라 사람들이 질문, 반론을 잘하지 못하는 건 결국 화법 수업을
충실히 하지 않았다는 사실을 보여주는 증거라고 생각해요.

김나연　제가 이번에 토론 수업을 진행했는데, 학생들이 토론에서
무조건 이기려고 하거나 자신의 의견에 대한 논박을 듣는 걸
두려워하더라고요. 선생님 말씀을 들으니 학생들에게 이러한

인간관과 마음가짐을 먼저 가르쳤으면 더 좋았겠다는 생각이
듭니다.
그렇다면 이런 인간관을 바탕으로, 유형별로 배울 수 있는 태도에는
어떤 것들이 있을까요?

배광호　대화에서는 상대의 감정을 있는 그대로 받아들이는
태도를, 발표에서는 객관성과 과학성을 존중하는 태도를 배울 수
있습니다. 협상이나 연설에서는 공동의 가치를 존중하는 태도를
배울 수 있죠. 토론과 토의에서는 자기 의견을 최대한 논리적으로
구성하려는 태도, 그리고 상대의 의견을 경청하고 비판과 검증을
받아들이는 태도를 배우게 됩니다. 줄여 말하면, 입증의 책임과
경청·답변의 의무죠. 이런 태도를 배우면 자신의 의견을 근거 없이
밀어붙이지 않고, 남의 논리를 그냥 받아들이지도 않는 합리성과
비판력이 길러질 것입니다.
가치관을 먼저 갖춘 뒤 말하기에 적용할 수도 있고, 말하는 방법을
배우면서 가치관을 기를 수도 있습니다. 두 가지는 서로 영향을
주고받으며 함께 발전합니다.

김나연　국어 교사들은 흔히 교과서나 교육과정을 통해 학생들에게
가르쳐야 할 화법의 범위나 수준을 정하는데요. 실제 수업에서 꼭

다뤄야 할 것과 그러지 않아도 될 것을 구분하는 게 쉽지 않습니다. 수업 시간에 다뤄야 할 내용은 어떤 기준을 가지고 정하는 게 좋을까요? 화법 영역에서 특히 중요하다고 생각하시는 부분이 있다면 무엇인가요?

배광호 저는 아이들의 생활과 가장 밀접한 것부터 해야 한다고 생각해요. 그렇다면 대화와 토론이죠. 이 두 가지는 감정과 생각을 각각 대표한다고 볼 수 있어요. 감정적인 건 대화 수업에서 다루고, 논리적인 건 토론 수업에서 다루면 균형이 맞을 것입니다. 그런데 대화는 따로 배워야 한다는 의식이 별로 없어요. 다들 잘하고 사니까요. 비폭력 대화를 만든 마셜 로젠버그가 '비폭력'이라는 말을 쓴 이유를 아시나요? 사람이 의식적으로 화법을 배우지 않고 습득하는 언어는 폭력적인 경우가 많기 때문이라는 거예요. 앞에서 소개한 정혜신 의사가 말한 '충조평판', 즉 충고, 조언, 평가, 판단이 대표적이죠. 이런 언어는 상대에게 상처를 남깁니다. 상대의 말을 잘 듣고 감정을 파악해 그대로 받아들이는 공감 대화는 일상생활에서 반드시 필요합니다.

김나연 "사람이 의식적으로 화법을 배우지 않고 습득하는 언어는 폭력적인 경우가 많다"라는 말에 깊이 공감합니다. 실제로 학생들끼리 나누는 대화를 듣다 보면 그런 점이 자주 느껴집니다. 폭력적인 언어가 일상이 되고, 그런 언어에 익숙해지는 청소년이 많아지는 현실이죠.

배광호 대화 수업이 꼭 필요하다는 점을 현장에서 바로 느끼시는군요. 학생들의 언어가 거칠어지는 데에는 사회적·가정적 환경이나 심리적 상태가 영향을 많이 끼치는 것 같아요. 우리나라 학생들의 불안·우울도가 상당히 높잖아요? 근본적으로는 이런 문제도 개선해나가면서 대화 수업을 하면 더 효과적일 것입니다. 그다음으로 중요한 게 토론입니다. 토론의 인간관과 태도에 대해서는 앞에서 말씀드렸고요. 토론에서 배우는 '논리 구성'과 '논리 검증' 역량은 다른 화법 유형에서도 쓰일 수 있어요. 토의, 협상, 연설 모두 논증을 바탕으로 하죠. 그리고 화법을 넘어서 새로운 학설이나 이론을 발표할 때도 논증 역량이 필요합니다. 이런 바탕을 토론에서 배울 수 있죠.

개인적 화법

체계적인 수업 설계와 수행평가 연계하기

말하면서 자라게 하는 말, 화법

김나연　화법에 대해 잘 아는 것과 잘 가르치는 건 다른 영역이라고 생각합니다. 국어 교사들은 화법에 대해 잘 알 뿐 아니라 잘 가르쳐야 하는데요. 화법 수업을 잘하기 위해 교사가 꼭 갖춰야 할 자질이나 능력은 무엇인가요? 특히 개인적 화법, 즉 듣기나 대화 등의 수업이 갖춰야 할 조건은 무엇일까요?

배광호　화법 수업은 안 해봐서 엄두가 안 난다거나 좀 막연해서 머뭇거릴 수 있습니다. 하지만 용기를 내서 부딪혀보면 다 하실 수 있다고 생각해요. 화법 수업에 대한 전문적인 지식은 다 잘 알고 계시니까요. 그래도 시행착오를 줄이기 위해 대화 수업이 갖춰야 할 주요 조건에 대한 제 경험을 말씀드릴게요.

먼저 체계적으로 프로그래밍되는 게 상당히 중요합니다. 현재 교과서의 대화 단원은 '협력의 원리, 공손성의 원리, 체면 유지의 원리' 등이 단편적으로 나열되고, 가상으로 연습해보는 게 많아요. 이렇게 가르치면 다 흩어져 내면화나 전이가 잘 이뤄지지 않죠. 체계를 가지고 꾸준히 실천하도록 묶어줘야 학습이 잘 되잖아요. 제가 비폭력 대화를 활용하는 것도 그 때문입니다. 내용이 짜임새 있고 교육과정 성취기준도 충분히 만족시키죠.

실제 수업으로 들어가서 중요한 건 안전한 공간을 확보하는 거예요. 학생들이 여기가 안전하다고 느껴야 화법 수업이 됩니다. 그냥 이야기하라고 하면 긴장하거나 머쓱하게 여기고 참여를 꺼리는 경우가 많거든요. 개인적인 이야기를 꺼내기엔 상대와 별로 친하지 않을 수도 있죠. 그럴 때 '뭘 이야기해야 할까?' '어디까지 말해야 하지?' 하며 난감해하거든요. 그래서 기본 규칙, 그라운드 룰 같은 걸 정해야 해요. 어떤 이야기를 하든지 비교·비난·평가·판단·충고하지 않기, 해결책 제시하지 않기, 이 수업에서 나눈 이야기는 다른 곳에서 말하지 않기 등이 될 수 있겠죠.

비밀을 지켜야 하는 두 가지 이유도 말해줘요. 첫째는 상대의 존엄성을 지켜주기 위해서이고, 둘째는 자신의 신뢰성을 지키기 위해서라고요. 다른 사람의 아픔이나 어려움을 말하지 않는 건 그 사람의 존엄성을 지켜주는 것이고, 비밀을 지키자고 해놓고 남에게 이야기하는 건 자기 스스로에 대한 신뢰를 저버리는 것입니다. 그래서 상대의 존엄성과 자신의 신뢰성을 지키기 위해 비밀 역시 지켜야 한다고 말해줍니다.

자신이 밝히고 싶지 않은 내용은 말하지 않아도 된다고 합니다.

말하는 속도나 양 같은 것도 따로 기준을 정해서 강요하지 않습니다.

학생들의 속 깊은 이야기가 자연스럽게 나올 때까지 기다려주죠.

말하기 힘든 건 '통과' 찬스를 쓰도록 해도 좋습니다.

안전한 공간에는 평가에 대한 압박을 없애는 것도 포함됩니다.

평가를 의식해서 억지로 말하거나 틀에 박힌 대로 말하는 건 진짜

배움으로 이어지기 어렵거든요.

책상 배치는 되도록 멀리 해서 시선이 겹치지 않게 하고, 서로

목소리가 잘 안 들리게 해야 합니다. 교사도 모둠 안으로 가능한 한

들어가지 않아야 해요. 교사가 돌아다니면 학생들이 이야기하면서도

눈치를 보거든요. 아이들의 요청이 있을 때만 교사가 도와주고, 그

전에는 아이들이 편안하게 대화할 수 있도록 하는 게 필요합니다.

다만 멀리서 관찰은 계속해야 합니다. 심각한 표정을 짓거나

눈물을 흘리는 학생들은 눈여겨보셨다가 어떤 변화를 보이는지

기록해놓으실 필요가 있어요. 그 학생의 활동지를 볼 때 수업 시간에

관찰한 내용과 연관 지어 피드백을 해줄 수 있습니다. 그러면

아이들에게 심리적으로 도움을 줄 수 있어요. 활동지를 걷거나

나눠줄 때도 학생이 작성한 내용이 그대로 보이지 않게 신경 쓰면

좋습니다.

활동을 구성할 때는 자기 경험을 소재로 해야 구체적이고 진솔하게 말할 수 있어요. 그래야 공감과 성장이 일어납니다. 개인적으로 민감하거나 상처가 남아 있는 이야기까지 하게 할 필요는 없지만, 개방할 수 있는 범위 안에서 최대한 자기 이야기를 할 수 있게 합니다. 교과서의 학습활동이 대개 어색한 역할 놀이가 되는 원인은 학생 본인의 서사가 아니라는 데 있죠.

다음으로는 수업 내용이 실천으로 이어지게 하는 게 필요한데요. 학생들의 자기 경험을 바탕으로 수업하니까 일상과 연결될 가능성이 높습니다. 그런데 그걸 꾸준히 기록하고 관찰하고 피드백할 수 있는 장치를 마련하면 훨씬 좋아집니다. 저는 매시간 수업 시작할 때, 지난주에 배운 걸 실천해본 사실을 자기 보고 형식으로 작성하게 했어요.

이렇게 태도와 언어가 바뀌고 일상생활에 전이되려면 긴 호흡의 수업이 필요합니다. 시수나 단원 배분 때문에 쉽지 않겠지만, 될 수 있으면 길게 하는 게 좋아요. 예를 들어 최소 4~5차시를 한다면 이어서 하기보다는 한 주에 한 시간씩, 4~5주에 걸쳐 진행하는 게 좋습니다. 그렇게 해서 배운 내용이 자꾸 환기되도록, 배운 걸 일주일 동안 유념해서 실천해보도록 하면 좋습니다.

말은 마음에서 나오고 다시 마음에 영향을 줍니다. 그래서 자신의 마음을 스스로 살피는 것도 중요합니다. 성찰, 메타 인지, 마음

메타 인지 양식

내면 관찰 (메타 인지)	사실적 사고	추론적 사고	비판적·창의적 사고
	기분(느낌)과 행동 관찰	생각(인지) 파악 = 정서의 원인	변화나 대책 (필요시)
활동 중 파악한 나의 기분(느낌)과 행동을 그 이유와 함께 구체적으로 적어 보자.	나의 기분(느낌)이 ( ) 것으로 관찰된다. 나의 행동, 자세가 ( ) 것으로 관찰된다.	그 이유는 ( ) 때문인 것 같다.	이렇게 하면 될 것 같다. →
알게 된 것			
나에 대해 알게 된 것(변화된 것)			
질문이나 더 알고 싶은 것			
학습활동 소감 (실천 계획, 의견, 건의 등)			

보기, 내면 관찰 등으로 부를 수 있는데요. 저는 수업 정리 단계에서 학생들이 자신의 대화와 마음가짐을 메타 인지하도록 했습니다.

대화 수업뿐만 아니라 모든 수업의 활동지 맨 끝에 고정적으로 메타 인지 양식을 넣어서 진행했죠.

그리고 화법 수업을 하신다면 '내가 먼저 모범적으로 잘해야 한다'는 부담을 가지실 수 있는데요. 크게 걱정하실 필요는 없습니다. 수업하다 보면 학생들과 같이 배우게 되니까 저절로 잘하게 되죠. 기본적인 전문 역량은 이미 갖고 계시니까 아이들보다 딱 한 시간만 먼저 해보면 됩니다. 조금만 신경 쓰시면 돼요. 모든 걸 완벽하게 준비한 다음에 수업하려 한다면, 수업할 수 있는 사람은 아무도 없을 것입니다.

김나연　지금까지 발표, 토의, 토론 등의 수업은 해봤지만, 대화 수업은 실천해본 적이 없는데요. 아무래도 제 화법이 먼저 모범이 되어야 한다는 부담과 반드시 평가해야 한다는 생각 때문에 선뜻 시작을 못 했던 것 같아요. 그런데 선생님 말씀을 듣고 나니까, 저도 대화 수업을 해보고 싶다는 용기가 생겼습니다.

교사로서 화법의 다양한 유형을 가르쳐야 하지만, 사실 저희도 모든 유형을 다 경험해본 건 아니잖아요? 그래서 더 어려움이 있는 것 같습니다. 이런 어려움은 어떻게 극복하면 좋을까요? 그리고 이런 상황에서 수업은 어떻게 준비해야 할까요?

배광호　국어 교사들이 화법 이론은 기본적으로 잘 알고 계시지만, 사실 우리나라 교육 환경에서 화법 실습이나 화법 수업을 제대로 받아본 적이 없을 것입니다. 그러니 어려움이 있는 게 당연하죠. 하지만 경험이 많다고 해서 꼭 잘 가르치는 건 아닙니다. 중요한 건 화법 수업을 하겠다는 의지, 그리고 시행착오를 두려워하지 않는 마음이라고 생각해요.

화법 수업은 실기 수업이고 혼자 할 수 없는 공부입니다. 그래서 준비, 즉 수업 설계가 다른 영역보다 꼼꼼하게 이뤄져야 해요. 기본 틀은 '이론 학습-실제 활동-전체 공유-성찰과 피드백'으로 짜면 좋습니다. 유형이나 주제에 따라 다양하게 변주할 수 있죠.

김나연　그렇다면 개인적 화법 수업은 구체적으로 어떻게 설계하면 좋을까요?

배광호　초중고 성취기준을 보면, 초등학교에서 대화의 즐거움을 알게 하는 것에서 출발해 중학교에서는 대화 예절, 원리 등이 나오죠. 고등학교 심화 선택의 《화법과 언어》 과목에서는 '자아 개념'과 '협력적 대화'가 핵심 개념이에요.

교육과정을 재구성해 대화 요소를 짜임새 있게 집중적으로 다루면 어떨까요? 예를 들어 개인의 고유성 존중하기, 듣기, 마음 묻기, 관찰로 말하기, 느낌과 생각 구분해 말하기, 부탁하기, 거절하기, 갈등 조정하기, 감사하기 등을 다루면 좋습니다. 그러려면 적어도 8차시 정도는 해야겠죠. 더 늘려도 좋고요. 그래야 아이들이 자신의 이야기를 충분히 풀어내고, 하소연도 좀 하고, 대화에 대한 생각·태도·말투가 달라지고, 남의 이야기도 좀 듣게 됩니다. 더 자세한 건 선생님 개인적으로, 또는 모여서 함께 만들어가면 돼요. 철학과 기본 원리만 갖춘다면 여러 가지 수업이 많이 나오는 게 좋으니까요.

오른쪽은 비폭력 대화법을 바탕으로 한 공감 대화법의 15차시 수업 개요입니다. 한 학기 수업 시수는 17차시로, 매주 한 차시씩 진행한다고 하면 정기 고사를 제외하고 최대 15차시를 할 수 있습니다. 표에는 5차시, 8차시, 10차시로 구성할 수 있는 조합도 함께 제시했습니다.

김나연 개인적 화법의 수행평가는 어떻게 설계하면 좋을까요?

배광호 먼저 '수행평가 시즌'에 관해 말씀드릴게요. 평소에는 강의식으로 하다가 학교생활기록부도 적어야 하고 수행평가 점수도

'공감 대화법' 수업 개요

차시	활동 주제	5차시의 경우	8차시의 경우	10차시의 경우
1	마음 듣기	*	*	*
2	거울 놀이			
3	내 가슴을 뛰게 한 말들		*	*
4	내 마음을 아프게 한 말들			*
5	관찰과 평가(1)	*	*	*
6	관찰과 평가(2)			
7	느낌과 생각	*	*	*
8	느낌과 생각 카드놀이			
9	부탁과 강요	*	*	*
10	공감 대화법 말하기 모델	*	*	*
11	공감 대화법 듣기(묻기) 모델			
12	네 가지 선택법		*	*
13	거절 표현하기			*(택일)
14	분노 표현하기			
15	감사 표현하기		*	*

내야 하니까 이벤트성이 된다는 말이죠. 그 이벤트가 몰리면 시즌이

됩니다. 시즌은 중간고사 끝나고 기말고사 시작하기 전까지잖아요.

그러니까 몰릴 수밖에 없고 학생들에게는 엄청난 짐이 됩니다.

그러니 보호자들이 "수행평가는 없어져야 한다" "아이가 밤새도

다 해내질 못한다"라고 분노할 수밖에 없는 거예요. 날을 잡아

몰아서 발표하거나 과제를 하게 해서 평가하는 건 실제 교육

효과가 없다고 생각합니다. 다른 과목은 제가 뭐라 말할 수 없지만,

국어과에서만큼은 그렇게 하지 않았으면 해요.

수행평가는 평소 수업에서 누적되면 좋습니다. 과정 평가일 수

있는데요. 수업하는 게 곧 평가가 되는 거죠. 한 학기 수업이 끝날

즈음 학생들이 "선생님, 수행평가는 뭐 해요?"라고 물어요. 그러면

저는 "수행평가 다 끝났는데? 너희가 시간마다 활동지 내고, 내가

검사해서 줬잖아. 그게 수행평가였어"라고 답합니다. 그러면

학생들은 놀라기도 하고 안도하기도 하죠.

활동지의 첫 부분에는 수업 시간에 배운 내용을 한 주 동안

일상생활에서 실천한 것을 자기 서술·보고 형식으로 쓰게 했습니다.

이어지는 부분에서는 그 시간의 학습활동에 필요한 내용을 서술하게

하고, 마지막에는 자신의 활동을 돌아보며 메타 인지한 내용을

적도록 했죠. 학생이 이 활동지를 충실히 작성했다면, 한 시간

수업을 성실히 수행했다는 근거로 충분합니다. 많은 분이 이렇게

해서 변별이 되느냐고 질문하거나 걱정하시는데요. 평가의 목적은

성취기준 달성 과정에서 학생이 어떤 어려움을 겪는지, 어떤 부분이

부족한지를 파악해 피드백하고 도와주는 데 있습니다.

대화 수업의 목적은 상대의 말을 잘 듣고, 감정 차원의 소통을 잘하는 것입니다. 이런 목적이 달성되었는지, 아니면 보완할 점이 있는지를 대화 실습 과정에서 학생들이 스스로 분명히 알게 하고, 이를 바탕으로 변화를 이끌어주는 것이 교사의 역할이에요. 따라서 평가의 객관적 증거를 찾아낸다는 이유로 인위적으로 재현해 개입할 필요는 없습니다. 지식과 이해 같은 인지적 측면은 지필평가로 확인하면 되고, 실제 수행은 참여 과정만 평가하는 것이 대화 유형에 적합하다고 봅니다.

공식적 화법

발표부터 토론까지, 영역 통합하기

말하면서 자라게 하는 말, 화법

김나연   공식적 화법, 즉 연설, 발표, 토론, 토의, 협상, 면담 등의 수업은 어떻게 설계하면 좋을까요?

배광호   앞에서도 말씀드렸지만, 공식적 화법은 영역 통합 수업을 하면 좋다고 생각해요. 화법 수업에서 실습까지 다 하려고 하면 시간이 부족하거든요. 여섯 유형의 기초는 초등학교 고학년부터 중고등학교의 《국어》 또는 《공통국어》 과목에서 공부해두는 것이죠. 예를 들어 토론은 화법 영역에서 논증 구성과 검증을 어떻게 할 거냐, 즉 신뢰성·타당성·공정성을 어떻게 갖추고 따져볼 것인가를 배운 다음, 문학·문법·매체 영역에서 실제 토론을 하는 것입니다. 더 나아가 역사, 윤리, 과학 같은 다른 교과에서도 쟁점을 찾아 토론할 수 있죠.

토의는 화법 단원에서 회의법을 배운 다음, 실제로는 학급 회의 때

하면 됩니다. 발표도 화법 단원에서 언어, 준언어, 비언어, 매체 등을 다루는 방법을 배운 다음, 실제로는 다른 단원이나 과목에서 하면 되죠. 화법의 모든 유형은 학습 대화에서 적용하도록 설계하는 것도 좋은 방법입니다. 그런데 연설이나 협상은 다른 단원이나 교과에서 다루기 어려워요. 이를 위해서는 학교 전체나 국어과 전체의 교육과정 검토와 설계가 필요합니다.

김나연 발표, 토론 등은 다른 영역 수업에서 내용을 정리하거나 평가할 때 보조적으로 사용되는 경우가 많습니다. 어떻게 하면 화법 수업의 측면을 강화할 수 있을까요?

배광호 흔히 화법은 화법 단원 수업에서만 다룬다고 생각하죠. 그런데 사실 모든 수업 장면이 화법의 현장입니다. 교사의 강의나 수업이 바로 화법의 실천이에요. 화법 유형으로 보면 주로 발표일 거 같은데, 내용에 따라 논증과 토론도 있겠죠. 활동에 참여하지 않는 학생과는 대화나 협상을 할 수도 있고, 특별한 계기로 전체 학생을 위한 연설을 할 수도 있습니다.
일반 수업에서 화법의 측면을 강화하려면 '학습 대화'가 매우 중요합니다. 말 그대로 학습을 위한 대화죠. 학생들이 자발적으로 대화해 학습이 일어나게 하는 것입니다. 학생이 학습의 수동적

위치에 있는 게 아니라 주체적인 자리로 나아가는 거죠. 교사의
안내에 따라 친구들과 함께 대화하고 탐구하며 지식을 구성해나가는
것입니다. 이때 대화, 발표, 토론, 토의, 협상 등 여러 유형이 긴밀하게
연결되어 생각을 자극하고 넓혀가게 됩니다. 구체적인 활동
모형으로는 브레인스토밍, 직소 기법, 책 대화, 합평, 월드 카페 등이
있죠. 단원에 맞게 적절히 사용하면 화법 중심의 역동적인 통합
수업이 될 것입니다.

김나연　'모든 수업 장면이 화법의 현장'이라는 말씀이 너무 인상
깊습니다. 정말 교사들의 수업이 곧 화법의 실천이라고 할 수
있겠네요.

배광호　그렇죠. 어떤 분은 '교사 화법' 또는 '수업 대화'라는 주제를
잡아 이걸 더욱 자세히 살펴보기도 하셨어요. 학생도 마찬가지예요.
교사처럼 직접적은 아니지만, 우선 듣기를 하고 있다는 면에서
화법을 실천하는 것이고요. 영역 통합 수업이라면 그 중심에 화법이
있고, 마지막 단계에서도 화법으로 귀결될 수 있습니다. 토론,
세미나, 포럼 같은 격식 있는 학습활동은 본격적인 화법 활동이죠.

김나연　토의나 토론 수업 때 모든 학생을 참여하게 하는

선생님만의 방법이나 시스템이 있으신가요?

배광호　네, 저는 '시스템의 힘'으로 끌어들입니다. 모든 수업을 짝 활동이나 모둠 활동으로 진행했어요. 상대가 있으니 혼자 마음대로 할 수 없고, 역할이 있으니 약간의 강제성이나 의무감이 생깁니다. 자연스럽게 참여할 수밖에 없는 구조가 되죠.

처음에는 아이스 브레이킹 활동으로 가볍게 말문을 열게 하고, 게임식·비격식 토론인 모서리 토론, 신호등 토론, 두 마음 토론 등을 해보면 자신감과 참여도가 상당히 높아져요. 사람은 누구나 자기 이야기를 하고 싶어 하니까요. 자기가 관심 있는 분야라면 더욱 적극적으로 참여하겠죠. 그런 다음 조금씩 본격적인 토론 방법을 익히기 위해 활동식으로 나아갑니다. 입론하는 방법, 반론하는 방법, 질문하는 방법을 모둠별로 연습한 뒤 격식을 갖춘 '토론-반대신문(교차조사) 토론-실습'으로 진행하면 됩니다.

크게 어려워하실 건 없어요. 첫 수업에서 모두가 실제로 정식 토론을 한다는 원칙을 분명히 알리고, 그걸 목표로 짜임새 있게 진행하면 결국 다 참여하게 되더라고요.

김나연　화법 수업을 할 때는 모둠을 구성하는 경우가 많습니다. 모둠을 짜는 좋은 방법이 있을까요?

배광호　저는 무작위, 랜덤으로 하는 게 좋다고 생각합니다.
성적이나 성격을 고려해서 짜는 게 좋다는 연구나 주장도 있어요.
하지만 학기 초에 그걸 파악해 적용하는 건 거의 불가능합니다.
그리고 교사의 개입이 조금이라도 들어가면 아이들이 이의를
제기하죠.
연구에 따르면 한 모둠의 인원수는 세 명이 가장 좋다고 합니다.
그래야 의견이 골고루 나뉘고 상호 작용도 잘 일어난다고 해요. 다만
화법 수업은 대개 짝을 지어 말을 주고받는 활동이 많으므로 짝수로
하는 경우가 많죠.
모둠은 적절히 바꾸는 게 좋아요. 조금 번거로울 수는 있지만, 학기
초에 아예 원칙으로 정하면 학생들도 잘 이해하더라고요. 대화는
친한 사람하고만 하는 게 아니고 낯선 사람, 생각이 다른 사람과도
해야 할 경우가 많으므로 주기를 정해 모둠을 바꾸겠다고 말하는
거죠.

김나연　《화법과 언어》 수업은 보통 고등학교 3학년에 배치되어
있어 실습이 쉽지 않은 경우가 많습니다. 이때 학생들이나 다른
교사를 어떻게 설득해야 할까요? 고등학교 3학년에서 화법 수업을
해보신 사례가 있나요? 그리고 학구열이 높은 지역에서도 가능할지
궁금합니다.

배광호　저는 고등학교 3학년에서 모의 면접 수업을 진행해봤습니다. 면접이 교과서에 있었고, 무엇보다 3학년 학생들에게 현실성 있는 좋은 수업이었죠. 면접 문제 40~50개를 통에 담아놓고 3개를 뽑아서 복도에서 준비한 다음, 교실 앞문으로 들어와 그걸 면접관에게 주고 실제 면접처럼 진행했습니다. 도움이 많이 되었다는 이야기를 들었어요.

생각이 다른 선생님을 설득하려면 진짜 화법 내공이 필요하겠네요. 활동지를 미리 다 만들고 쉽게 진행할 수 있게 알려드리겠다고 하면 혹시 모르겠는데, 그러려면 나부터 준비가 잘 되어 있어야 하니 쉽지 않겠죠? 결국은 생각이 다른 선생님을 설득할 수 있을 정도로, 학생들과 더욱 열심히 화법 공부를 해서 나의 화법 실력부터 올려야 하지 않을까 생각해요.

학구열이 높은 지역에서도 가능하다고 봅니다. 이곳의 학구열은 보호자의 학구열일 가능성이 큰데요. 학생들이 화법의 중요성과 필요성을 잘 이해하고 그걸 실제 수업에서 체험하면, 집에 가서 보호자에게도 수업이 좋다고 말할 것입니다. 그러면 보호자의 불만이 일어나지 않을 거예요.

김나연　2022 개정 교육과정에서 면접 유형이 제외된 걸로 알고 있습니다. 만약 고등학교 3학년에서 면접 외에 다른 영역 수업을 한다면 어떤 수업이 가능할까요? 추천해주실 만한 게 있으신가요?

배광호 모든 유형의 화법 수업을 다 할 수 있다고 생각해요. 오히려 고등학교 3학년에서 화법 수업이 더 필요합니다. 대화 수업으로 긴장과 불안을 풀 수도 있고, 발표·토론 같은 유형은 주제만 잘 잡으면 논술이나 면접에도 도움이 되죠. 예를 들어 '공부하는 방법'을 주제로 발표하거나 어려운 기출·예상 문제를 놓고 집중 토론을 해볼 수 있습니다. 진로 분야가 비슷한 학생들끼리 모둠을 짜서 세미나나 토론을 할 수도 있고요. 심지어 수능 문제를 푸는 데에도 도움이 됩니다. 저는 실제로 정답지를 회수하고, 토론하면서 문제를 풀게 해본 적도 있어요. 마음의 여유를 낼 수 있을지 걱정되긴 하지만, 잘만 활용한다면 의외로 좋은 결과를 볼 것입니다.

김나연 공식적 화법의 수행평가는 어떻게 설계하면 좋을까요? 듣기 영역 성취기준은 어떤 방식으로 평가하시나요?

배광호 앞에서도 말씀드렸듯이, 저는 수행평가를 이벤트성으로 시즌에 하지 않습니다. 거의 모든 수업이 프로젝트처럼 한 학기에 걸쳐 이어지고, 학기가 끝나면 수행평가도 끝나 있죠. 저는 2학년 문학 수업을 문학 세미나로 진행했어요. 학생들에게 작품을 나눠주고 일정을 짜서 한 학기 또는 1년 동안 세미나를 이어갔습니다. 한 사람에게 20분, 한 시간에 2명씩, 한 반이 30명이라면 다 돌아갈 때까지 15시간이 걸립니다. 발표가 끝나면 수행평가도 끝나는 거죠.

연설 수업은 '내 인생 최고의 날'이라는 주제로 진행했습니다. 자기 미래의 어느 날을 가정해 스토리텔링하고 연설문을 작성해 3분간 연설하게 했죠. 저의 기본 원칙은 토론을 하든, 발표를 하든, 연설을 하든 모든 학생이 참여하게 하고 내용과 형식을 함께 평가한다는 거예요. 제일 큰 걱정은 시수 문제죠.

듣기 영역은 증거를 얻기 어렵습니다. 잘 들었는지 확인하려면 되묻거나 들은 내용을 기록하게 해야 하거든요. 저는 질문하는 걸로 듣기 태도나 능력을 평가해요. 모든 공식적 화법에서 지정 질문자나 자유 질문자로 한 번씩은 질문해야 한다고 정해서 그 내용을 평가합니다. 그러면 저절로 잘 들을 수밖에 없죠.

김나연   지정 질문자나 자유 질문자를 둔다고 하셨는데요. 혹시 듣기 평가표를 활용하는 건 어떻게 생각하시나요? 학생들에게 듣기 평가표를 나눠주고 직접 작성하게 하신 경험도 있으신가요?

배광호   듣기 평가표를 따로 작성한 적은 없고요. 토론, 연설, 발표 같은 수업에서는 동료 평가지에 들은 내용을 적고 평가하게 해서 듣기에 집중할 수 있도록 했습니다.

김나연 수행평가에 대한 피드백은 어떻게 하시나요? 특히 다인수일 때는 즉시 피드백을 주게 되면 시간이 너무 오래 걸려서 고민입니다.

배광호 저는 수행평가를 활동지로 많이 했습니다. 피드백은 활동지에 의견을 적어주는 방식으로 했죠. 개인 발표 활동이라면 활동이 끝났을 때 간단하게라도 꼭 피드백합니다. 피드백은 타이밍이 중요하니까요.

그리고 피드백은 그 아이의 좋은 점을 찾아 이야기해주는 거라고 생각합니다. 학생들끼리 서로 피드백할 때도 긍정적인 점을 위주로 이야기하게 하죠. 어떤 교수님은 긍정적인 것과 부정적인 것의 비율을 5대 1로 말씀하시는데, 저는 부정적인 것은 굳이 하지 않아도 된다고 생각합니다. 부정적인 것은 긍정적인 것을 많이 해서 신뢰가 쌓인 다음에 하면 돼요. 그때 부정적인 것을 말하면 '나를 위해서 저런 말을 하는구나' 하는 생각이 들지만, 신뢰가 쌓이지 않은 상태에서는 지적질이 되거든요. 그러면 기분이 나빠지죠. 그래서 긍정적인 면을 많이 이야기하려고 해요. 그러면 아이들이 피드백

시간과 선생님 이야기 듣는 걸 좋아하고 더 잘하려고 하죠. 그게 평가가 주는 긍정적인 효과 아닐까요?

그리고 다인수일 때는 한 사람씩 다 피드백하기 어렵죠. 그럴 땐 활동지를 검사하거나 발표·발언을 들을 때 잘한 사례를 모아놨다가 전체 학생에게 한꺼번에 말해주는 방법을 가장 많이 썼어요. 이때는 학생 개인의 이름을 밝혀도 좋다고 생각합니다.

김나연　화법 수업에서 학생들에게 평가나 피드백할 때, 앞 순서에 하는 학생과 뒤 순서에 하는 학생 간의 격차를 줄이는 방법이 궁금합니다.

배광호　이 질문을 참 많이 받아요. 발표, 연설, 토론 등의 수업에서 실습으로 평가해보면 확실히 앞 순서에 하는 학생들이 조금 떨어지기 마련이고 뒤로 갈수록 잘하게 됩니다. 앞 순서에 하는 학생들에게 피드백해주면 뒤 순서의 학생들이 듣고 개선하기 때문에 공평성에 문제가 생기죠. 그래서 어떤 선생님은 아예 피드백을 안 한다고 하시더라고요. 그런데 교사가 피드백을 안 해도, 아이들은 친구가 하는 걸 보면서 배웁니다. 뒤에 하는 학생이 유리한 건 막을 수 없어요.

이런 걸 고민해야 하는 우리의 교육 현실이 참 딱하고 슬픕니다.

학생이 잘되기를 바라는 게 교육의 당연한 목표인데, 공정성이란 이상한 프레임으로 교육의 본질이 훼손되고 있는 것 같아요. 무엇을 위한 공정성인지 생각해봐야 합니다만, 저는 모두가 성장하고 성숙하자는 교육의 목적을 살리는 게 최우선이라고 봅니다. 그러기 위해서는 개별 피드백이 매우 중요하므로 바로 해줘야 한다고 생각해요. 아이들도 그걸 좋아하고요. 모든 학생에게 이런 취지를 잘 설명해서 더 나은 가치를 존중하는 태도를 갖게 하는 게 필요합니다. 물론 아무리 숭고한 가치라도 자신에게 손해가 되면 태도가 확 바뀔 수도 있어요. 현실적으로는 쉽지 않죠.

제가 제안하는 현실적인 방법은 평가 기준을 최대한 낮추는 것입니다. 기본적인 평가 요소만 만족하면 실습 순서에 따라 점수가 불리해지지 않게 하는 거죠. 기준보다 더 뛰어난 역량을 보이는 학생은 관찰·기록해놨다가 학교생활기록부에 반영해주면 됩니다. 선생님 의견은 어떠신가요?

김나연　평가 기준을 낮추라고 하셨는데, 중학교는 성취평가제를 도입하고 있으니까 저처럼 중학교에 계신 선생님들은 가능할 거라고 생각합니다. 그렇지만 학생들을 변별하고 등급을 나눠야 하는 고등학교 선생님들은 어려움이 많으실 것 같아요. 선생님께서도 고등학교에 오래 계셨잖아요. 평가 기준을 낮춰서

평가하시면 등급이 나눠지지 않거나 학생들이 반발하는 등의 문제는

없으셨나요?

배광호   평가 문제는 우리나라 교육에서 가장 고질적인 병폐라고

생각해요. 특히 평가에서 변별을 매우 중요시하는데, '변별'이란

말 대신 '서열화'라는 말을 써야 한다고 봅니다. 진짜 변별은 어떤

대상의 고유성을 낱낱이 나눠서 구별해내는 건데, 학교에서 평가

후 이런 일을 하나요? 그렇지 않죠. 그냥 서열화해서 등급을 내는

게 전부예요. 변별은 평가의 기능 중에서 선발이나 배치를 위해

쓰잖아요? 정상적인 교육과정에서 변별 기능을 강조하면, 평가할

때마다 아이들을 낙인찍는 것이고 무기력을 학습시키는 결과를

낳습니다. 그래서 우리나라 학생들의 불안도가 높고 행복도는 매우

낮은 거예요.

지원자를 변별해 선발하는 건 대학이 각자의 방식으로 하면

됩니다. 중고등학교의 모든 시험과 수업이 대학 입시부서의 요구에

맞춰 전형 자료를 챙겨 보내는 식으로 이뤄져서는 안 됩니다.

중고등학교에서는 그 시기에만 할 수 있는 발달 단계의 중요한

과업을 수행해야 하기 때문이죠. 이게 부실하면 결국 아이들에게

심각한 손실을 안기게 됩니다.

저의 경험 사례를 물으셨는데요. 서열화가 안 되거나 학생의

반발이나 민원이 있지는 않았습니다. 왜 그랬을까 곰곰이 생각해보니, 성취기준을 낮춘다고 모두가 좋은 결과를 내지는 않더라고요. 그리고 평가의 본래 목적인 피드백과 피드포워드, 배움과 성장을 강조했어요. 평가마저도 공부가 되도록 하자고 자주 말했고요. 또 학생들에게 교사의 평가에 대한 반론권을 보장해줬습니다. 자신의 실수를 고칠 기회도 줬고요. 이때는 친구의 실수를 꼬투리 잡아 감점되기를 바라기보다는 실수를 너그럽게 받아들이고 도와줄 수 있는 사람이 되는 게 성적보다 더 큰 이로움이 아니겠냐고 말해줬습니다. 교사가 먼저 평가 기준이나 채점 기준만 앞세워 강조하면, 학생들은 방어적인 태도를 보이면서 예민해지고 까칠해지더라고요.

지금-여기의 대화와 협력을 향해

말하면서 자라게 하는 말, 화법

김나연　요즘 학생들은 면대면 대화도 많이 하지만, 스마트폰과 SNS 등을 활용한 대화도 많이 하고 있습니다. 텍스트만으로 대화하기도 하고, 심지어는 텍스트와 음성이 결합된 형식의 대화를 하기도 하죠. 이러한 방식의 대화도 '화법'의 일부로 볼 수 있을까요? 이런 대화 양상에 대해서는 어떻게 생각하시나요?

배광호　새로운 전자 매체에서 사용하는 언어를 '전자말'이라고 부르기도 하는데요. 화법에서도 진지하게 다룰 필요가 있다고 생각해요. 입말이나 글말과는 다른 특징이 있으니까요. 전자말은 아무래도 입말에 가깝지만, 텍스트를 매체로 사용하는 경우가 많으니 현장성은 없죠. 그래서 말하는 사람이 처한 상황을 듣는 사람도 알고 있을 거라고 생각한 채 할 말만 하면, 오해나 불화를 일으킬 수 있습니다. 이모티콘은 그런 점을 보완하기 위한 방법일

테고요.

중요한 건 말하는 사람의 의도와 목표를 듣는 사람이 정확히 이해할 수 있게 친절하게 쓰는 거라고 봅니다. 이 부분은 앞으로 연구가 더 필요할 것 같아요.

김나연　요즘 대두되고 있는 에듀테크를 화법 수업에 적용하는 방안에는 무엇이 있을까요? 어떻게 활용해볼 수 있을까요? 저는 학생들의 공동 작업이 필요할 때 '구글 클래스룸'이나 교육청에서 제공하는 인공지능 기반 교육 플랫폼을 활용하는 편입니다. 학생들의 결과물이나 발표 내용 등을 공유할 때는 패들렛을 많이 활용하고요. 또 학생들이 실제로 토론하기 전에 미리 대화형 인공지능을 활용해 주장과 근거를 점검해보고 토론을 연습하는 활동도 많이 하시더라고요.

배광호　화법의 특징은 면대면 현장성, 협력성, 창조성이니까 에듀테크를 중점적으로 사용할 필요는 없을 것 같습니다. 오히려 대화나 협상, 연설에서는 에듀테크를 사용하는 게 유형의 정체성에 맞지 않을 수도 있고요. 다만 토론이나 토의에서는 선생님께서 말씀하신 것처럼 같은 팀끼리 내용을 공유할 때나, 발표에서 지정 토론자나 질문자가 발표 내용을 미리 보고 준비할 때 활용할 수는 있을 것 같아요.

김나연   마지막으로 여쭙겠습니다. 미래를 생각했을 때, 화법 수업은 어떤 방향으로 흘러가야 할까요? 국어 교사들이 지향해야 하는 바는 무엇일까요?

배광호   과거가 현재를 만들었듯이, 우리가 만드는 현재가 곧 미래를 만들 것입니다. 만들고 싶은 미래를 현재에 실현하는 게 우리가 해야 할 일이라고 봅니다. 그러면 화법 수업의 미래를 위해 지금 국어 교사들이 해야 할 일은 무엇일까요? 사실 이건 화법 수업 하나만의 문제가 아닐 것입니다. 우리 교육 전체의 방향을 제대로 잡아가면 화법 수업 역시 저절로 제자리를 찾을 것이기 때문입니다. 가장 근본적인 문제는 입시와 평가를 바로잡는 거라고 봅니다. 교육의 본질적 가치인 '배우는 즐거움'을 훼손하지 않는 입시와 평가가 되어야 하죠. 우리나라의 평가는 기본적으로 변별, 비교잖아요. 제가 대화에서 '감사하는 말하기' 수업을 할 때 아이들에게 자주 묻는 말이 있어요. "행복에 이르는 가장 가까운 길은 무엇일까?" 의도한 답은 '감사'입니다. "그러면 불행에 이르는 가장 가까운 길은 무엇일까?" 하고 물어봅니다. 그건 '비교'죠. 우울해지고 싶으면 비교하면 돼요. 그런데 평가는 비교잖아요.

반드시 줄 세우고, 그냥 '잘한다' '못한다'가 아니라 누구보다 '잘한다' '못한다'라고 말하죠. 하지만 비교 대상은 남이 아니라 자기 자신이어야 합니다. 어제의 나보다 오늘의 내가 더 나아졌는지를 봐야 하죠. 사람마다 고유성과 독특함이 있기 때문에 서로를 비교해서는 안 됩니다.

그래서 평가를 하더라도 아이들을 규정짓지 않았으면 합니다. 수학을 잘하지 못하는 아이가 아니라 수학을 창의적이고 개성적으로 푸는 아이라고 보면 어떨까요? 김누리 교수님이 강의에서 하신 이야기인데요. 독일의 한 텔레비전 방송국에서 우리나라 교육에 관해 취재해갔는데, 그게 독일에서 방영될 때 교육 프로그램이 아니라 인권 프로그램에서 방영되었다고 해요. 한국의 교육은 교육이 아니라 인권 침해라는 거죠. 그 인권 침해의 대표적인 게 바로 평가예요. 사람을 소고기 등급 매기듯 나눠서 차별하고 무시하고 배제하는 것, 그걸 우리가 최대한 막아야 한다고 생각합니다.

물론 이건 능력주의라고 하는 사회문제와도 연결되어 있어서 사회 개혁 또한 지속적으로 추진해야 합니다. 하지만 그와 동시에 매일 마주하는 우리 아이들이 더는 상처받고 좌절하고 무기력해지지 않게 교육계 내부에서만이라도 당장 개혁이 시작되어야 합니다.

어떤 말은 마음을
만들기도 한다

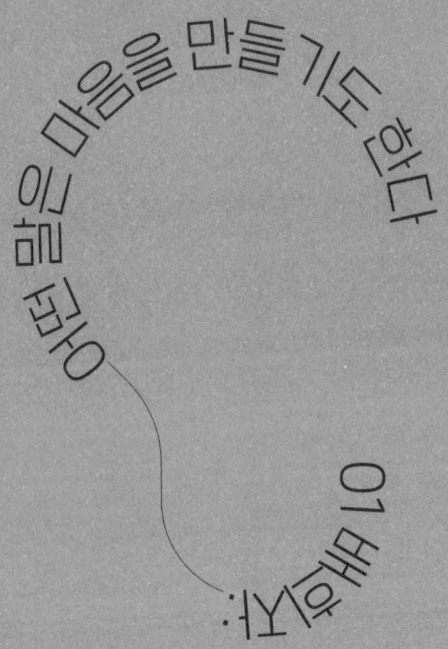

오해 없이 듣고, 온전히 내 마음 전하기

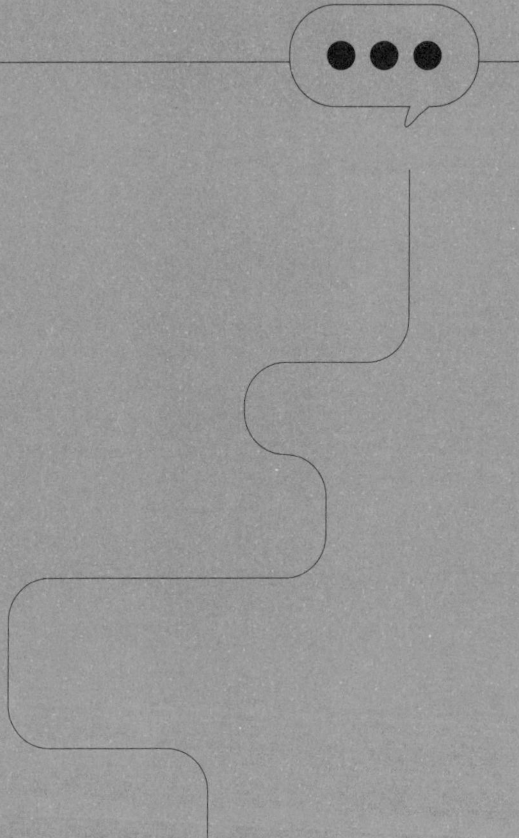

배희자

어떤 말은 마음을 만들기도 한다

오해 없이 듣고,
온전히 내 마음 전하기

"선생님! 얘가 저한테 ○○○○라고 했어요!"

"내가 언제? 니가 먼저 그랬잖아!"

중학교에서 학생들을 가르치는 교사라면 하루에도 여러 번 만날 수 있는 상황이다. 특히 1학년 학생들은 틈만 나면 이런 말로 갈등을 호소하기 바쁘다. 이야기를 듣다 보면 어디까지 들어주고 어느 정도까지 개입해야 하는지, 또 언제까지 이런 말을 듣고 있어야 하는지 속으로 한숨이 나올 때가 많다.

3학년 학생들도 크게 다르지 않다. 그간의 성장 과정을 통해 '선생님께 일일이 이르는 게 최선책은 아니다'라는 사실은 알고 있지만, 그렇다고 해서 갈등을 현명하게 풀고 있는 것도 아니다. 때로는 거칠게 맞붙거나, 뒤에서 은근히 갈등을 더 키우거나, 아니면 속으로 삭여버리는 경우도 많다.

"좋은 게 좋은 거다" "싸우면서 크는 거다" "다 알아서 잘 크게 되어 있다" 같은 말들은 일면 타당하다. 하지만 모든 학생이 자신의 경험을 교훈으로 삼는 건 아니다. 갈등 상황에서 어찌할 바를 몰라 허둥대는 학생들을 보면, 나 또한 어떻게 도와줘야 할지 몰라 답답하기만 했다. 그러던 중 '대화' 수업을 발견했다. 처음에는 이게 가능할까 싶었는데, 이제는 오히려 내가 가장 좋아하는 수업이 되었다.

'대화'란 면담, 토의, 토론, 발표, 연설, 협상 등의 공식적인 담화와 달리, 두 사람 이상의 대화 참여자가 특별한 형식 없이 화자와 청자의 역할을 교대로 바꿔가면서 언어적인 상호작용을 하는 비공식적인 담화 형식°이다. 이런 일상적 대화는 언제 시작하고 끝날지 알 수 없고, 주제도 예측하기 어려우며, 내용은 대부분 개인적이다. 내가 대화를 수업 시간에 다루기 어렵다고 생각한 이유다. 시작과 끝이 분명하고 미리 내용을 준비할 수 있는 발표나 연설, 면담 등은 가르치고 배울 수 있지만 대화를 수업 시간에 다룬다고?

게다가 "말은 마음에서 나오는 것이므로 말을 바꾸려면 마음을 바꿔야 한다"라는 말을 들을 때마다 마음 한구석이 불편

° 김중수, 《교사를 위한 대화법》, 휴머니스트, 2020.

'대화' 수업 흐름(8차시)

영역	차시	수업 내용
문학	1차시	예열하기 1: 친구와 관련된 시 읽기
작문(쓰기)	2차시	예열하기 2: 관계 성찰하는 글쓰기
화법 (듣기·말하기)	3차시	의사소통에 영향을 미치는 요소
	4차시	말하기 3종 세트 1: 사과하기
	5차시	말하기 3종 세트 2: 속상한 일 말하기
	6차시	말하기 3종 세트 3: 감사하기
	7차시	듣기 맛보기: 입으로 듣기
	8차시	연습 및 수행평가 안내

했다. '마음이 좋다고 해서 대화가 항상 원만하게 흘러가는 건 아니잖아?' '분명 좋은 뜻으로 한 말들이 오해되는 일은 얼마나 많은가?' '나도 상대방의 말 한마디, 표정 하나로 괜히 오해한 경우가 얼마나 많았던가?' 더군다나 '국어' 시간에 '마음'을 다룬다고?

하지만 초점을 갈등 상황에 맞추고 상대방의 마음을 오해 없이 이해하려 하며 내 마음을 온전히 전달하는 방법에 집중하다 보면, 몰랐던 마음을 발견할 수 있고 그 마음이 말하는 방법을 온전하게 만든다는 것을 대화 수업으로 알게 되었다.

말이란 마음에서 나오는 것이지만, 어떤 말은 마음을 만들기도 한다.°

학생들도 이 수업을 통해 자신의 기분과 욕구를 관찰하는 경험을 했다. 또 마음을 조금씩 표현하면서 그 진심이 상대방에게 온전히 전달되는 경험을 했다. "이게 되네?" 하며 놀라는 모습, 인간관계에서 자신감을 얻는 모습을 보면 내 마음도 말랑말랑해져 인류애까지 커진다.

"진짜 아는 거 맞아?"
관계 성찰로 대화 수업의 불 지피기

대화 수업은 학생들이 '내 일'이라는 감각을 가지지 않으면 진행이 쉽지 않다. 게다가 학생들은 자신이 대화의 기본을 다 알고 있다고 생각한다. 교과서에 제시된 대로 갈등 상황에서 어떻게 말해야 할지 물어보면, 학생들은 입을 모아 말한다.

"배려해야 해요!"

"공감해야 해요!"

° 조해진, 《빛의 호위》, 창비, 2017.

잘 안다고 생각하는 질문이라 그런지 거침없이 대답한다.

"그렇지! 잘 알고 있구나. 그렇다면 배려하며 말한다는 건 구체적으로 어떻게 하는 걸까요?"

이 질문을 던지는 순간, 분위기가 조용해진다. 몇몇 학생만 "경청해야 해요" "욕하지 말아야 해요" 정도를 말할 뿐이다.

사실 학생들은 배려하는 말하기, 공감하는 말하기를 이미 여러 번 배웠다. 초등학교 때는 물론이고 중학교에서도 도덕, 가정, 진로 과목 시간 등에 갈등 해결 방법을 배운다. '나 전달법'과 같은 구체적인 대화법도 다룬다. 하지만 말은 단순히 방법을 배운다고 하루아침에 내 것이 되지 않는다. 머리로 아는 것과 몸으로 실천하는 건 별개의 일이다. 잘 안다고 생각하지만 실은 잘하지 못한다는 걸 깨닫지 못하면, 수업은 피상적으로 흐르기 쉽고 지루해질 수 있다.

중학교 시기는 교우 관계가 매우 중요한 때이고, 학교생활에서 사소하거나 큰 갈등을 겪는 일은 비일비재하다. 그래서 나는 학생들이 자신의 경험을 바탕으로 대화 '방법'에 궁금증을 가질 수 있도록 수업 흐름을 구성했다. 먼저 시 한 편을 함께 읽고, 친구 관계는 어떠해야 하는지 공감대를 형성했다. 그다음 갈등 상황에서 자신이 어떻게 행동했는지를 떠올리며 글을 쓰게 했다.

고민 말고 질문은 '최대한 많이'

[1차시] 친구를 대하는 마음, 시로 묻고 답하기

신경림의 〈동해 바다-후포에서〉는 동해안의 넓은 후포 바다를 바라보며 친구의 잘못을 "맷방석만 하게, 동산만 하게" 크게 보는 자신을 반성하고, 돌처럼 잘고 딱딱한 사람이 아니라 바다처럼 너그럽고 포용력 있는 사람이 되고자 하는 마음을 담은 시다. 수업에서는 행과 연을 고려하며 천천히 여러 번 낭송하게 했다.

이 시는 내용이 어렵지 않지만, 학생들이 스스로 시에서 문제의식을 끌어내기를 바랐다. 그러려면 아이들이 직접 질문을 만들고 답해보는 방식이 좋다. 그런데 학생들에게 질문을 만들라고 하면, 질문을 만드는 동시에 답하거나 평가부터 하려는 경우가 많다. '이건 답이 있는 질문일까?' '선생님이 원하시는 질문일까?' '가치 있는 질문일까?' '이상한 질문이라고 친구들이 놀리진 않을까?' 같은 생각에 빠진다. 물론 질문의 의미를 되짚어보는 건 좋은 성찰 활동이지만, 질문을 만들기도 전에 이런 생각에 빠지면 아예 질문 자체가 나오지 않는다. 좋은 질문은 처음부터 '짠' 하고 나타나지 않는다.

그래서 나는 학생들이 질문을 편안하게 최대한 많이 만들

수 있도록 질문 만드는 규칙을 제시했다.

질문 만드는 규칙[○]

- 가능한 한 많은 질문을 한다.

- 어떤 질문이라도 판단하거나 답하기 위해 멈추지 않는다.

- 생각나는 대로 모든 질문을 적는다.

- 의문문으로 표현한다.

"어떤 질문이라도 좋아. 최대한 많이 만들어보자. 질문의 질은 따지지 않을 거야."

이렇게 말해주자, 처음에는 망설이던 아이들이 곧 신나게 질문들을 만들어갔다. '이 시에 숨어 있는 이야기'를 질문 초점으로 제시하니, 마음껏 질문을 만들면서도 주제에서 벗어나지 않았다.

학생들이 만든 질문 예시

- 왜 친구가 원수보다 더 미운 걸까?

[○] 댄 로스스타인·루스 산타나 지음, 정혜승·정선영 옮김,《한 가지만 바꾸기》, 사회평론아카데미, 2017.

- 왜 스스로를 다스려야 할까?

- 세상이 어지럽다는 것은 무슨 뜻일까? 왜 그렇게 생각했을까?

- 이 시는 친구 관계에 대한 시일까?

- 왜 서해나 남해가 아닌 동해일까?

최대한 많은 질문을 생각해낸 뒤, 모둠별로 서로의 질문을 공개했다. 또 좋은 질문을 뽑아내고, 더 발전시킬 수 있는 질문을 골라 개선했다. 모둠 안에서 쉽게 해결할 수 있는 질문은 제외하고 답을 찾기 어려운 질문을 대표 질문으로 선정했다. 학급 전체가 대표 질문을 공유하면서 비슷한 질문은 묶고, 바로 답할 수 있는 질문부터 시간이 필요한 질문까지 순서를 정리했다. 그리고 그 질문들에 대해 학생들이 서로 의견을 주고받으며 다음과 같은 결론을 이끌어냈다. '이 시의 화자는 남에게는 너그럽고, 자신에게는 엄격한 사람이 되고자 한다.'

친구와 나, 대화 속 갈등을 되짚다

[2차시] '안전한 글쓰기'로 자신의 말을 성찰하는 시간

1차시에 다뤘던 시의 주제, '남에게 너그럽고 자신에게 엄격한 사람이 되고자 하는 마음'을 기억하느냐는 질문으로 2차시 수업을 시작했다. 그리고 학생들에게 물었다. 자신은 어떤 사람인지. '남에게 엄격하고 자신에게 너그러운 사람'인지, 아니면 '남에게 너그럽고 자신에게 엄격한 사람'인지. 또 '남에게 엄격하고 자신에게만 너그러운 사람'이 있다면 친구 사이로 지내고 싶은지 등을 질문하며 바람직한 친구의 가치를 공유했다. 그런 후 자신을 돌아보는 글을 쓰도록 안내했다.

> 눈을 감습니다. 마음을 차분히 가라앉히고 생각해봅시다. 친구가 원수처럼 미웠을 때, 작은 잘못이 아주 크게 느껴졌을 때…. 모두 그런 상황을 겪은 적이 있을 거예요. 그게 외적 갈등으로 불거졌을 수도 있고, 속상한 마음을 드러내지 않고 내적 갈등으로 끙끙 앓았을 수도 있죠. 그때 상황을 최대한 구체적으로 떠올려봅시다. 그때 내가 했던 말, 상대방이 했던 말, 그 말을 할 때 서로의 표정이나 목소리, 주변 분위기 등을 최대한 자세하게. (…) 글감이 떠오른 사람은 조용히 눈을 뜨고 제목을 씁니다. 제목은 '친구, 나, 갈등, 성찰', 분량은 500자입니다.[o]

○ 성하성 선생님이 쓴 《내가 한 글쓰기 수업, 누구나 할 수 있게》에 나온 단어 명상 방법을 참고했다.

아이들이 분량이 많다고 놀라면 이렇게 덧붙인다. 그때의 상황을 자세히 묘사하는 것은 물론이고, 친구와 주고받았던 말을 최대한 구체적으로 살려 큰따옴표 안에 넣어 쓰면 분량도 확보하면서 훨씬 살아 있는 글을 쓸 수 있다고.

또 그 일을 통해 깨달은 점도 꼭 쓰라고 한다. '그때 내 행동은 현명했을까? 다시 그 상황으로 돌아간다면 똑같이 할까, 아니면 다르게 할까?' 거리를 두고 스스로를 돌아보면서 그때는 흡족하지 못했던 결말이라도 반면교사로 삼을 수 있다면, 다음에는 좀 더 사려 깊은 행동을 할 가능성이 높아질 거라는 기대를 담은 것이다. 부정적인 내용을 정제하지 않고 시시콜콜하게 마구 펼쳐내기만 한 글을 읽으면, 가슴이 답답하고 마음이 막막해진다. 학생들의 글을 읽은 내 마음이 덜 힘들어지도록 미리 조치하는 것이기도 하다.

글을 쓰기 전에는 망설이던 아이들도 막상 쓰기 시작하면 금세 몰입한다. 친구는 청소년기에 아주 중요한 존재니까. 간혹 친구와의 갈등이 떠오르지 않아 곤란해하는 학생에게는 가족이나 다른 사람과 있었던 일을 써도 된다고 했다.

쓴 글을 공개하지 않기를 바라는 경우도 많다. 완성된 글을 걷으려고 하면 자기 글은 안 읽었으면 좋겠다고 말하는 아이들이 있다. 솔직하게 속내를 드러낸 글을 읽고 선생님이 자신을 어떻게 평가할까 두렵기도 하고, 혹여나 아이들 앞에서 자기 글이 읽히는 건 아닐까 걱정되기도 하는 마음의 표현이다.

이 글을 쓰는 목적은 자신의 마음을 최대한 깊숙하게 들여다보고, 대화 장르의 듣기·말하기를 자신에게 필요한 일로 인식하게 하는 것이다. 그래서 글이 공개되기를 원하지 않을 때는 공책 맨 위에 '읽지 마세요'라고 쓰면, 분량만 확인하고 읽지 않겠다고 했다. 안전한 분위기를 만들어야 솔직하게 자기를 돌아볼 수 있기 때문이다. 이 글의 목적은 글쓰기 능력을 성장시키는 것보다 자기를 돌아보는 데 있으므로 학생들의 선택을 존중했다.

'미안해' 말보다 더 중요한 건
[3차시] 비언어적·준언어적 표현은 힘이 세다

지난 시간에 쓴 글을 수업 시작 전 쉬는 시간에 돌려준다. 학생들은 검사받은 것을 확인하느라 공책을 뒤적이며 지난 시간에 무엇을 했는지 자연스럽게 떠올린다. 공책을 보고 있는 학생들에게 글을 잘 읽었다고 간단히 피드백하며 묻는다.

"혹시 갈등 없는 세상에서 살고 싶은 사람 있나요? 손 들어볼까요?”

몇몇 학생이 조심스럽게 손을 든다. 다시 전체 학생에게 묻는다.

“이 친구들의 소원은 이뤄질 수 있을까요?”

아이들은 입을 모아 “아니요!”라고 말한다. 나는 다시 물어본다.

“왜 이 소원은 이뤄질 수 없을까요?”

앞선 대답만큼 확신 어린 말투는 아니지만, 진지한 얼굴로 “생각이 다르니까요” 하고 대답하는 학생이 있다. 아이들도 모두 알고 있다. 사람마다 경험과 생각, 가치관이 다르다는 것을. 그 다름이 갈등을 만드는 것이므로, 살아가는 동안 갈등을 완전히 피할 수 없다는 것을. 갈등 없는 세상에서 살고 싶다고 손을 든 아이들도 그게 가능하다고 믿어서라기보다 그저 평화롭고 안정적인 삶을 바라는 마음을 표현한 것이다.

“맞아요. 우리는 갈등 없이 살 수 없어요. 그렇다면 갈등이 생길 때는 어떻게 대처하면 좋을까요?”

교실은 어느새 적막해진다. 이 귀한 적막은 학생들이 진지하게 이 문제를 생각하고 있다는 신호다.

드러내지 않고 묵혀두면 일단 겉으로는 평화로워 보인다. 하지만 부작용이 있다. 참고 또 참았다가 겨우 이야기하면,

"그때는 가만히 있다가 이제 와서 왜 그래?"라는 반응이 돌아오기 일쑤다. 묵혀뒀던 내 마음은 상대방이 제대로 알아주지 않는다. 여학생들은 대체로 당사자에게 직접 말하기보다는 다른 친구들에게 고민을 털어놓다가, 그 마음이 안타깝게도 사이버 폭력으로 번지기도 한다.

반대로, 드러내놓고 말하면 속에 쌓이지 않는다는 장점이 있다. 하지만 대개 말한 쪽은 이제 다 풀렸다고 생각해도 정작 상대방은 상처받기 쉽다. 남학생들은 대화하러 갔다가 말보다 주먹으로 대응하는 경우도 있다. 투닥투닥 싸우다가 신기하게도 아무 일 없었다는 듯 지내기도 한다. 하지만 문제와 얽힌 감정을 제대로 다루지 않았기에, 시간이 지난 뒤 묵은 감정이 터지는 일이 생긴다.

"그러면 어떻게 해야 할까요? 현명하게 해결할 방법은 없을까요?"

이렇게 물으면 몇 반에 한 명 정도, "저는 말로 잘 해결해요"라고 자신 있게 말하는 학생이 있다. 그 학생들의 사례를 들은 뒤 좀 더 구체적이고 실패하지 않는 방법을 알려주겠다며 본격적인 이야기를 시작한다.

우선 정진아의 〈참 힘센 말〉이라는 시를 함께 읽었다. 이 시의 내용은 다음과 같다. 말은 힘이 세다. 달리는 말처럼 사람을 태우고 짐을 끄는 건 아니지만 힘이 세다. 얼마나 세냐면, "화난 마음 살살 녹"게 하고 "없던 힘도 불끈 솟"게 해 사람을 살리기도 한다.

초등학생들은 순순히 받아들일 수도 있으나 중학생들은 이 시를 곧이곧대로 받아들이지 않는다. 말이 힘이 세다는 것을 부정하는 건 아니지만, "미안해" "잘할 수 있어" 같은 말이 전부가 아니라는 걸 안다. 같은 말이라도 누가 어떤 의도로 하느냐에 따라 전혀 다르게 들릴 수 있다는 걸 안다. 또 말보다 더 큰 영향을 미치는 '어떤 것'이 있다는 것도 체감으로 안다.

말에는 힘이 있나요? 어떤 말이 힘센 말일까요? 욕설이나 비속어 같은 '센 말'일까요? 사실은 '미안해' '고마워' 같은 말이 더 힘이 세죠. 사람의 마음을 움직이니까요.
하지만 말 자체는 문제가 없는데, 이상하게 기분이 나쁠 때가 있죠? 다들 경험해봤을 거예요. 왜 그럴까요? 퀴즈를 하나 내볼게요.

'55:38:7'.° 마치 암호 같은 이 숫자를 제시하고, 의사소통에 영향을 미치는 세 가지 요소가 무엇일지 모둠별로 의논하게 했다. 정답은 순서대로 시각적 요소(비언어적 표현), 청각적 요소(준언어적 표현), 말의 내용'이다. 이후의 연구들을 보면 학자마다 정확한 수치는 다르지만, 이 순서는 바뀌지 않는다. 비언어적·준언어적 표현이 말의 내용보다 더 큰 영향을 미친다는 사실은 93퍼센트라는 압도적인 숫자로 학생들에게 강하게 각인된다.

누군가가 나에게 다가올 때, 아직 한마디도 하지 않았는데도 그 사람이 어떤 종류의 말을 할지 예상되는 경우가 있다. 또 같은 조언이라도 누가 하느냐에 따라 받아들이기도 하고, 전혀 받아들이고 싶지 않을 때도 있다. 학생들에게 왜 이러는 걸지 물어본다. 입 밖으로 대답하진 않지만, 다들 자신의 경험을 떠올리는 표정이다.

태도와 목소리 톤 같은 비언어적·준언어적 표현을 통해 93퍼센트의 진심이 전달된다. 이 표현과 말의 내용이 일치하지 않으면, 7퍼센트의 진심에도 불구하고 우리는 그 진심을 의심하게 된다. 그래서 오해받은 경험이 있다면, 내가 전하고자 하는 진심에 맞는 태도와 목소리 톤 등을 갖췄는지 점검해볼 필요가 있다는 말로 3차시 수업을 마무리했다.

○ 1971년 미국 UCLA 심리학과 앨버트 메라비언 교수가 발표해
  커뮤니케이션 연구의 기반이 된 수치다.

'말 안 해도 알겠지?'는 위험하다

비언어에서 언어로 옮겨가는 대화 연습

대화에서 절대 놓치지 말아야 할 점이 비언어적·준언어적 요소라는 것을 분명히 하고, 이제 본격적으로 대화 수업에 들어간다.

사과하기, 속상한 일 말하기, 감사하기. 이 세 가지는 인간관계에서 가장 중요한 말하기다. 살다 보면 우리는 상대방의 마음을 상하게 하기도 하고, 상대방이 우리 마음을 상하게 하기도 한다. 또 누군가에게 고마움을 느끼기도 한다. 이런 마음을 꼭 말로 표현해야 할까?

굳이 말하지 않고 서로의 눈빛만 봐도 아는 사이도 있겠지만, 대부분은 말로 표현해야 알 수 있다. 가족이나 친한 친구처럼 가까운 사이일수록 쑥스럽고 어색한 마음에 표현을 잘하지 않다 보면, 자잘한 감정들이 켜켜이 쌓인다. 사소한 계기가 마지막 물방울이 되어 꾹꾹 눌러뒀던 마음이 넘치면, 관계가 오랜 만큼 골도 깊어져 회복이 쉽지 않다.

사적인 관계에서 만들어진 의사소통 패턴은 공적인 영역에서도 발휘된다. 현명하게 갈등을 해결한 경험이 있는 사람은 공적인 관계에서도 자신 있게 사람을 대할 수 있다. 인간관계에 꼭 필요한 세 가지 말하기, 즉 사과하기, 속상한 일 말하기, 감사하기를 '말하기 3종 세트'라 이름 붙이고, 하나씩 가르치며 연습했다.

사과하기도 '방법'이 필요해
[4차시] '인사약'으로 배우는 진심 어린 표현

세 가지 말하기 중 가장 먼저 다룬 것은 '사과하기'다. 중학생들에게 꼭 가르치고 싶은 말하기가 바로 사과하기였다. 수많은 오해와 갈등이 오가는 생활 속에서 제때 하는 제대로 된 사과는 많은 문제를 쉽게 풀어준다. 하지만 아직 어린 중학생들은 사과를 제대로 하지 못해, 쉬운 문제를 어렵게 만드는 경우가 많다.

인간관계를 원만하게 하기 위해 꼭 필요한 말하기가 무엇인지 물으면, 여러 가지 대답이 나오지만 결국 '사과하기'가 으뜸이라는 데 학생들도 동의한다. 학생들과 생각을 주고받으며 갈등이 생기는 건 당연한 일이고, 문제는 갈등 자체가 아니라 그걸 잘 해결하지 못하는 데 있다는 인식을 공유했다.

"사과한 뒤에 오히려 관계가 더 좋아진 적이 있나요?"

　이렇게 물어보면 여러 명이 손을 든다. 또 사과를 제대로 하지 못해 어색한 사이로 남았다는 학생도 여럿 있다.

　"사과는 방법이 중요한데, 어떻게 해야 제대로 할 수 있을까요?"

　"착하게 말해야 해요." "진지하게 말해야 해요" 등 여러 대답이 나오는 중에 "변명하면 안 돼요"라는 말에 집중한다. 사과를 받을 때 상대방의 변명은 싫어하면서도, 정작 자신이 사과할 때 하는 변명은 변명이 아니라 이유라고 여기는 사람이 많다. 하지만 사과하기에서 기준이 되는 건 나의 마음이 아니라 상대방의 마음이므로, 절대로 이유를 먼저 말하면 안 된다고 강조한다.

　학생들은 이 말에 수긍하면서도 진실을 밝히면 상대방이 이해하고, 관계가 개선될 것이라는 기대를 완전히 놓지 못하기도 한다. 그러다 보니 "그럼 이유는 언제 말할 수 있어요?"라는 질문이 나온다. 이때 나는 "내 진실이 변명인지 이유인지를 무엇이 결정할까?" 하고 되묻는다. 답은 간단하다. 상대방이 원할 때 말하면 이유, 그렇지 않을 때 말하면 변명이 된다. 즉, 일이 잘 풀리고 분위기가 좋아졌을 때 상대방이 "근데, 그때 너 왜 그랬어?"라고 물어보면 그때 말하라고 한다. 사과의 첫머리에 이유를 말하는 건 절대 금지!

사과하기에는 세 단계가 있다. 1단계는 잘못을 인정하기, 2단계는 분명하게 '미안해'라고 말하기, 3단계는 다시는 반복하지 않겠다고 약속하기다. 이 세 단계를 묶어 '인사약'이라고 했다. 인정, 사과, 약속의 줄임말이다.

사과하는 방법을 필기하면서 또 한 번 주의 사항을 강조한다. 말의 내용보다 더 큰 영향을 미치는 것은 태도와 목소리 톤 등이고, 이는 마음에서 나오므로 먼저 자신의 마음을 점검해야 한다고. 사과하고 싶은 마음이 진짜 확실할 때, 저 절차대로 이야기하라고.

진심으로 사과했는데도 상대방이 곧바로 받아들이지 않으면 서운할 수 있다. 그래도 서운한 마음을 표현하지 말아야 한다. 내가 잘못한 것을 알아차리고 그 마음이 소화되어야 사과의 말이 흔쾌히 나오듯, 상대방도 마찬가지다. 사과의 말을 듣는다고 해서 곧장 마음이 풀리는 것은 아니다. 사람마다 감정을 소화하는 속도는 다르고, 속도가 느리다고 해서 잘못된 것도 아니다. 상대방이 생각할 시간이 필요하다고 하면, 나중에 마음이 풀렸는지 알려달라고 부탁할 수 있다.

돈이나 물건으로 배상해야 할 때는 반드시 위 세 단계를 거친 뒤에 말하라고 당부한다. 마음을 담은 사과보다 배상 이야기를 먼저 꺼내면 성의가 없다고 느껴져 진심이 잘 전달되지 않을 수 있기 때문이다.

대부분 학생은 이 방법에 동의하지만, 사과가 쉽지 않은 아이들도 있다. 그런 학생들을 위해 내 경험을 말해준다.

자기 잘못을 인정하는 게 너무 괴로웠던 아이가 있었어. 미안하다는 말을 하는 게 죽는 것처럼 느껴졌던 아이. 하지만 그 아이는 다행히 알게 되었지. 지금 사과할 일은 내 전체의 1퍼센트도 안 되는 부분이고, 인정하고 사과하면서 더 나아질 수 있다는 걸. 조금씩 용기 내어 사과할 때마다 목이 컥컥 막혀 죽을 것 같았지만, 점점 덜 어려워져서 지금은 사과를 잘하는 사람이 되었단다.

아이들은 "누구예요? 우리도 아는 사람이에요?" 하며 몹시 궁금해한다. 세상 소심했던 그 아이가 바로 자기들 앞에 서 있는 교사라는 걸 알고는 신기해한다. 지금 교실에도 어릴 적 나 같은 학생들이 있을 것이다. 그 아이들이 눈빛을 반짝이는 걸 보며, 부끄러웠던 과거를 고백하는 게 부끄럽지만은 않다고 생각한다.

속상한 마음, 어떻게 해야 풀릴까
[5차시] '사나바'로 내 마음 차분하게 전하기

살다 보면 사과할 일만 있는 게 아니다. 사과를 받아야 할 때도 있다. 그냥 넘어가자니 자꾸 생각이 나고, 그 사람과의 관계가 예전 같지 않겠다 싶을 때는 반드시 말을 해야 한다. 이런 말을 잘하지 못하면 내 마음과 몸에 병이 생기고, 장기적으로 서로에게 도움이 되지 않는다. 눌러놨던 것은 언젠가 터지게 되어 있으니까. 터지기 전에, 커지기 전에 조금씩 바람을 빼줘야 한다.

그런데 꼭 말을 해야 아는 걸까? 우리는 가족이나 진짜 친한 친구, 연인이라면 말하지 않아도 내 마음을 척척 알아주는 게 진짜 우정이고 사랑이라고 은연중에 배워왔다. 그래서 원하는 걸 콕 찍어 말하는 게 자존심 상하는 일이라고 여기는 경우가 많다.

말하지 않아도 서로의 마음이 다 통한다면 정말 좋겠지만, 우리는 그럴 수 없다. 우리는 개미가 아니고 사람이니까. 화학물질이 아니라 언어로 의사소통하니까. 그리고 우리는 모두 다른 경험과 생각을 가지고 살아왔으니까. 같은 상황을 서로 다르게 받아들일 수 있다는 것을 인정하고, 서로를 더 이해하기 위해 용기 내어 약한 부분을 내보이는 건 자존심을 잃는 일이 아니라 자존감을 키우는 일이다. 정말 바보 같은 일은, 마음을 말하지 않고 서운함을 쌓다가 관계가 깨지는 걸 그저 바라보기만 하는 것이다.

사과하기와 감사하기에 비해 '속상한 일 말하기'가 필요하다는 것을 설득하기는 쉽지 않다. 그래서 아이들에게 이게 꼭 필요한 일이며, 말하는 방법이 아주 중요하다는 것을 공을 들여 설명했다.

(씩씩대며 걸어가서 팔짱을 끼고 턱을 치켜든 채 큰 소리로) "야! 너 내 뒷담화했다며!"

어떤 진심이 느껴지는지 학생들에게 물어본다. "싸우자는 거예요" "한판 붙자는 거예요" 하며 괜히 신나 하는 학생들에게 태도와 목소리 톤 등이 중요함을 다시 한번 강조한다.

여러분이 그 친구를 왜 찾아갔는지, 무엇을 원해서 간 것인지 생각해봅시다. 너무 기분 나쁘고 말이 안 통해서 싸우러 갔다면 제대로 표현한 거겠죠. 하지만 속상했던 마음을 전하고, 사과를 받길 원했다면? 그 마음이 전달되도록 해야 합니다. 어떻게? 무엇으로? 의사소통에 93퍼센트 영향을 주는 건 뭐였나요? 네, 바로 태도와 목소리 톤 같은 거였죠. 그렇다면 태도는 좀 더 주의 깊게, 목소리 톤은 좀 더 차분하게 나올 가능성이 높을 거예요. 자기 스타일에 맞게. 그것을 염두에 두고, 이제 속상한 일 말하기의 세 단계를 알아봅시다.

1단계는 속상했던 일을 사실만 말하기다.

태도와 목소리를 가다듬고 서운했던 친구에게 말합니다.
"있잖아. 너 ○○이한테 내 뒷담화했잖아."
어떤가요? 친구가 "응, 나 너 뒷담화했어"라고 인정할 수도 있지만, "아니! 너에 대해 이야기한 건 맞지만 뒷담화는

아닌데!"라고 나올 수도 있겠죠. 왜? '뒷담화'라는 말에는 '사실'이
아니라 '판단'이 들어 있기 때문이에요. 그 친구는 객관적인
이야기를 했다고 생각하는데 나는 뒷담화라고 한다면, 그건
객관적인 사실이 아니라 의견이자 판단이죠.

내가 상대방에게 원하는 건 무엇일까요? '그 말이 뒷담화냐
아니냐'를 가리는 걸까요? 아니죠. '나는 그 말 때문에 기분이
나빴다'는 걸 표현하고 싶은 거잖아요. 그러니까 이야기가
초점을 벗어나지 않게 하려면 '사실만'을 말하는 것이
중요합니다. 어떤 말을 했는지 구체적으로 인용한다거나 장면을
묘사하면 사실만을 말하는 데 도움이 됩니다.

이때 의문형으로 묻지 않고 평서형으로 말할 것을 당부한다.

"있잖아. 그때 너 왜 ○○○이라고 말했어?"라고 하면 어떨까요?
이유를 알고 싶은 건가요, 내 마음을 전달하고 이해받고 싶은
건가요? 이해받고 사과받고 싶다면 의문형으로 묻는 것을
조심해야 합니다. 우리는 누군가가 의문형으로 물으면 저도
모르게 대답하려 하죠. 사과하기에서 배웠듯 속상한 상황에서
상대방이 이유를 말하면 변명으로 들리기 쉽고, 내 기분은 더
나빠집니다. '이렇게 말하는 걸 보니 마음을 알아달라는 거로군'

하고 상대방이 내 말을 찰떡같이 알아듣기는 쉽지 않아요. 그럼 어떻게 말할까요?

"있잖아. 네가 ○○이한테 나에 대해 ○○○이라고 말했잖아." 그러면 상대방이 어떻게 나올까요? 그 말을 한 건 사실이니까 "응"이라고 말하겠죠.

사실과 의견을 판단하는 것은 다소 까다롭지만, 몇 가지 사례를 들어주면 학생들은 조금씩 이해하기 시작한다. 우리가 객관적인 사실이라고 믿는 것에도 사실은 주관이 많이 묻어 있음을 깨닫게 되면, 그다음 단계는 한결 쉬워진다.

2단계는 그때의 내 기분을 세 개 이상 말하기, 3단계는 내가 진짜로 원하는 것을 말하기다. 이 세 단계를 묶어 '사나바' 라고 했다. 사실, 나의 마음, 바람의 줄임말이다.

그때 내 기분이 어땠는지 세 가지쯤 말해줍니다. "그 말을 듣고 나는 너무 속상하고 서운하고 짜증났어"처럼요. 상대방이 계속 내 말을 잘 듣고 있다면, 내가 진짜로 원하는 걸 말합니다. "앞으로는 그러지 않았으면 좋겠어" 혹은 "나한테 사과했으면 좋겠어" 정도겠죠. 원하는 게 있다면 더 이야기해도 됩니다. 내가 싸우거나 일을 키우려는 게 아님을 태도와 목소리 톤

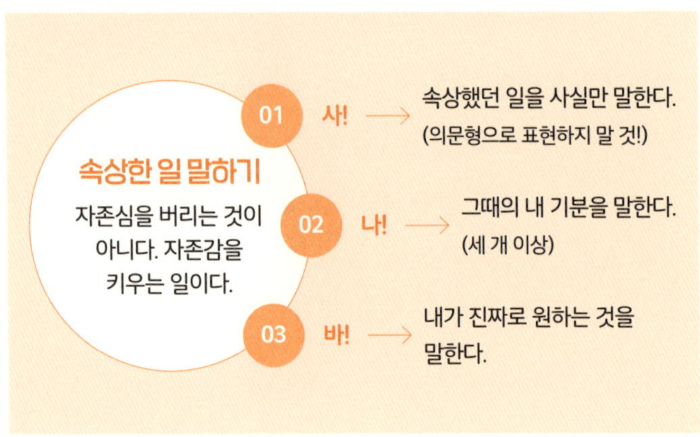

등에서 알아챘고, 사과하라거나 앞으로 잘 지냈으면 좋겠다는 등의 의도를 잘 이해했다면 상대방은 내가 원하는 대로 해줄 가능성이 높아집니다.

물론 이렇게 말한다고 해서 일이 언제나 원하는 대로 풀리는 것은 아니다. 상대방이 문제 상황을 정확하게 이야기하는 데 익숙하지 않아 어떻게 해야 할지 모르고 당황한다면, 나중에 다시 이야기해보기를 권한다. 그래도 잘 안 된다면 조용히 기대를 접는 게 좋다고 학생들에게 말한다. 다만 절대 그냥 넘길 수 없는 상황이라면 선생님이나 보호자 등 어른에게 도움을 청해야 한다는 말도 잊지 않는다. 그럼에도 속상한 일을 말하는 것은 중요하다. 내가 무엇을 중요하게 여기는 사람인지 더 잘 알게 되는 기회이기 때문이다.

학교에서는 종종 반 대항 운동 경기가 열린다. 학급의 단합과 열기를 확인할 수 있는 좋은 기회이자, 밋밋한 학교생활의 활력소가 되는 이벤트다. 문제는 졌을 때다. 진 반에서는 가끔 싸움이 난다. "그때 네가 이렇게 했어야 했다" "○○이가 저렇게 했어야 했다" 하며 되돌릴 수 없는 과거를 복기하고 서로를 탓하기 쉽다.

교과서에도 이런 상황이 나온다. 축구 경기에서 급우가 자책골을 넣었을 때 그 친구에게 할 수 있는 반응 두 가지다. 비난과 질책, 혹은 위로와 격려. 대부분 학생은 전자가 현실적이고 후자는 비현실적이라고 여겼다. 비난과 질책이 다음 실수를 막을 수 있다는 것이다. 하지만 자책골을 넣은 선수가 자신이라면 어떨까? 질문을 바꾸는 순간, 학생들의 생각은 달라졌다. 대부분은 위로와 격려를 바란다. 이 와중에 자신에게는 비난과 질책이 필요하다고 말하는 학생도 한두 명은 있다. 쓴소리에서 교훈을 찾아낼 줄 아는 단단한 마음을 가진 아이들이다. 하지만 대다수는 위로와 격려를 바란다는 점을 함께 짚는다. 위로와 격려가 없는 말을 만들어 상대방을 추어올리는 게 아님도 일러준다.

급우가 자책골을 넣었을 때 자신의 마음도 들여다보는 시간을 가졌다. "네가 자책골을 넣었을 때, 나는 너무 속상하고 아쉬워서 네가 원망스럽기까지 했어. 나는 정말 이번 경기에서 이기고 싶었거든." 자신의 마음, 즉 기분과 욕구를 알게 되면 조금 더 차분하게 자기 생각을 말할 수 있게 된다. 내 마음을 내가 잘 알아차리면, 말도 가다듬을 수 있고 상대방의 마음도 헤아릴 수 있게 된다.

고마움, 100퍼센트 받아들이게 전하기
[6차시] '사성영'으로 관계를 빛내는 말하기 연습

앞선 두 가지 말하기는 문제를 해결하기 위한 말하기다. 하지 않으면 괴로우니, 그 괴로움을 해소하기 위한 말하기. 이제는 '하면 인간관계가 더 윤기 나고 부드러워지는 말하기'를 가르칠 차례다. 아이들에게 "이번엔 뭘까?" 하고 묻자, 대부분이 금세 눈치챈다. 바로 고마운 일 말하기, 칭찬하기다.

그런데 실제로는 상대방의 호의나 칭찬, 인정을 흔쾌히 받아들이지 못하는 경우가 많다. 언급한 내용 일부는 인정하지만 대단한 일이 아니라고 생각할 때, 내가 부족하다고 생각하는 부분(자신의 기대치가 높아 스스로 만족하지 못하는 부분)을 언급할 때, 혹은 말로 나를 이용하려는 의도가 느껴질 때 등이다. 겸손을 미덕으로 삼는 문화 속에서 살다 보니, 칭찬을 곧이곧대로 받으면 교만해보일까 봐 그러는 것이다.

칭찬하는 쪽은 어떨까? 진심을 담아 칭찬했는데, 상대방이 온전히 받아들이지 않으면 머쓱하고 서운해진다. 학생들에게 그런 경험을 떠올리며 '내 진심이 온전히 전해지는 칭찬하기, 듣는 사람이 100퍼센트 인정하고 받아들이는 칭찬하기, 고마움 표현하기'를 배워보자고 말했다.

감사하기에도 세 단계가 있다. 1단계는 상대방의 말이나 행동을 그대로 묘사하기, 2단계는 그 말이나 행동에 담긴 성격 특성을 말하기, 3단계는 그 말이나 행동이 나 혹은 주변 사람에게 미친 영향을 말하기다. 이 세 단계를 묶어 '사성영'이라고 했다. 사실, 성격, 영향의 줄임말이다.

여기까지 설명한 뒤 예를 들어준다. 예시의 주인공은 대개

○ 나는 '칭찬'이라는 단어를 자주 쓰지 않는다. 칭찬은 '윗사람이 아랫사람에게 하는 말' 같아 나보다 나이 많은 사람에게 하기는 곤란하다. 또 칭찬에는 듣는 이를 조종하려는 의도가 숨어 있는 것 같아 순수하지 않게 들리기도 한다. 그래서 '칭찬'보다는 '인정' '감탄' 혹은 '고마움' 표현하기가 더 적절하다고 생각해, 여기서는 '감사하기'로 썼다.

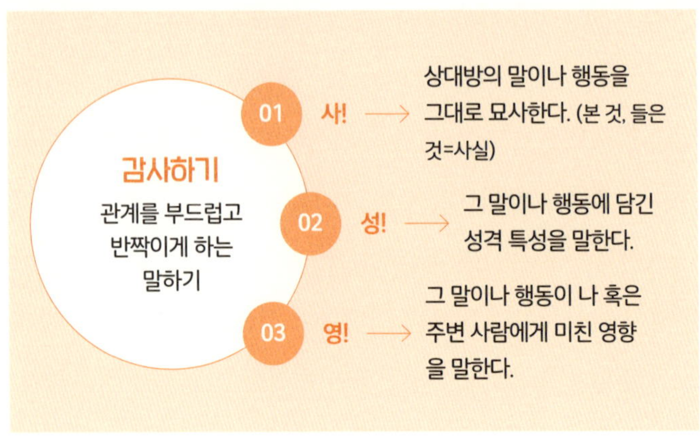

그 반 전체이거나 말썽꾸러기 학생이다.

아까 선생님이 수업 시간이 돼서 교실에 들어왔는데, 여러분 중 여러 명이 "안녕하세요!" 하고 큰 소리로 인사했잖아요. (사실 묘사)

그때 선생님은 여러분이 활기차고 사람을 반갑게 맞이할 줄 아는 친구들이라고 생각했어요. (성격 특성 설명)

여러분 덕분에 선생님 기분이 무척 좋아졌어요. 고맙습니다.

나도 여러분처럼 누군가를 맞이할 때 큰 소리로 인사해야겠다고 생각했답니다. (나에게 끼친 영향)

학생들은 어떻게 반응할까? 희한하게도 첫 문장이 시작되면 조용해지고, 이야기를 마칠 즈음에는 숙연해진다. 학급 전체가 감사하기의 대상일 때는 으쓱으쓱 기분 좋은 분위기가 조용히 교실에 퍼진다. 평가가 아닌 사실만을 말하니 반박할 여지도 없고, 그에 대한 의견도 부정적인 게 아니며, 그렇게 해석되는 것이 너무 자연스러워 결국 인정할 수밖에 없다. 학생들은 이렇게 진지하고 전면적으로 받아들일 수밖에 없는 칭찬을 듣는 경우가 드물어서 처음에는 다소 어색해한다. 자신들이 별 뜻 없이 한 행동에 그런 의미가 있었나 곰곰이 생각해보는 것 같기도 하다.

갑자기 누군가를 언급하면 상대방은 문제 상황인가 싶어 긴장할 수 있다. 따라서 긍정적인 분위기를 미리 알리는 것도 중요하다고 말해준다. "우와!" "이야!" 같은 감탄사로 시작하면 좋은 이야기라는 신호가 되어 상대방의 마음을 한결 편하게 해줄 수 있다.

상대방의 의도를 고스란히 들으려면

[7차시] '따너바'로 상대방 스스로 답을 찾게 돕기

'듣기'는 생각보다 낯선 일이다.

"잘 듣기 위해서는 어떻게 해야 한다고 생각하나요?"

이렇게 학생들에게 물으면 '상대방의 눈 마주보기, 고개 끄덕이기, 적절한 표정 짓기, 맞장구치기, 적절한 감탄사 사용하기' 등을 말한다. 이는 소극적 듣기에 해당한다. 물론 틀린 답은 아니지만, 충분하지 않다. 우리 모두 누군가의 말을 듣는 척하면서도 속으로는 딴생각을 해본 경험이 있기 때문이다. 학생들은 '공감하기, 이해하기, 배려하기' 등도 말하지만, 구체적으로 어떻게 해야 하는지는 설명하지 못한다.

한편, 잘 들어준다고 하면 내 의견과 상관없이 상대방 말을 그대로 따라야 할 것 같아 부담이 생기기도 한다. "우리 애는 내 말을 참 잘 들어" "네 맘대로 하지 말고 말 좀 들어"에서처럼 우리는 말을 들어준다고 하면 누군가의 의도대로 한다는 의미로 받아들이는 경우가 많다.

듣기는 귀로 하는 것이지만, 그 과정은 눈에 보이지 않는다. 그래서 말하는 사람은 상대방이 자신의 말을 제대로 듣고 있는지 파악하기 어렵다. 고개를 끄덕이거나 맞장구를 치는 것

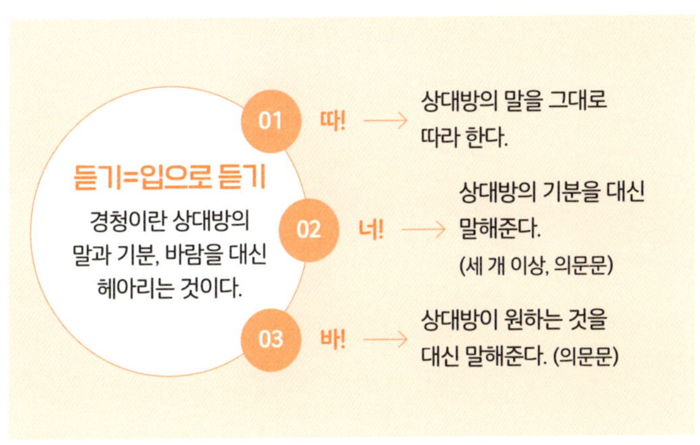

만 보고 간접적으로 짐작할 뿐이다. 이것으로 충분할 때도 있지만, 그렇지 못할 때는 입으로 대신 알려줄 수 있다.

이는 적극적 듣기로, '입으로 듣기'라고도 한다. 이 역시 세 단계로 나눌 수 있다. 1단계는 상대방의 말을 그대로 따라 하기, 2단계는 상대방의 기분을 대신 말해주기, 3단계는 상대방이 원하는 것을 대신 말해주기다. 이 세 단계를 묶어 '따너바'라고 줄여 표현했다.

입으로 말하기 때문에 얼핏 보면 '말하기' 활동 같지만, 목적은 내 생각을 전하는 게 아니라 내가 제대로 듣고 있다는

○ 김창오 외, 《교사의 마음리더십》, 에듀니티, 2014.

것을 알려 상대방이 안심하고 말을 계속할 수 있게 하는 것이니 '듣기' 활동이다. 대화의 초점은 계속 상대방이 한 말에 있다.

상대방의 말을 열심히 들어줬다고 생각했지만 허탈함을 느낄 때가 종종 있다. 특히 친구의 고민을 들어줄 때 그렇다. 친구가 고민을 털어놓으면, 생각에 생각을 거듭해 진심으로 조언한다. 하지만 상대방이 흔쾌히 받아들이고 내 조언대로 하는 경우는 별로 없다. 심지어 말을 꺼낸 쪽은 "내 말을 제대로 들어주지 않는다"라며 서운해하고, 조언해준 쪽은 "기껏 생각해서 말해줬는데 아무 소용이 없다"라며 허탈해한다.

사실 사람은 누구나 어느 정도는 답정너('답은 정해져 있으니 너는 대답만 해'의 줄임말)다. 답은 이미 각자의 마음속에 있다. 단지 그 답을 스스로 인식하지 못하거나, 다른 사람과의 대화를 통해 확신을 얻고 싶은 것이다. 우리가 해야 할 일은 상대방이 자신의 답을 스스로 찾아가도록 돕는 것이다. 대신 찾아주는 것이 아니다. '입으로 듣기'의 세 단계는 그 과정을 돕는 징검다리다.

이 방법은 상대방의 의도가 잘 드러나지 않거나, 듣기 싫은 말을 들을 때도 적용할 수 있다. 상대방의 말을 듣고 올라오는 내 감정은 잠시 접어두고, 상대방이 한 말의 표면적 의미부터 기분과 욕구까지 찬찬히 듣고 헤아려보는 것. 그러다 보면 처음에는 원망이나 비난처럼 들렸던 말의 가시가 하나씩 벗겨지고, 상대방이 진정으로 바라는 것이 드러난다. 그것은 나에 대한 요구일 수도 있고, 전혀 다른 것일 수도 있다.

누구나 다른 사람을 완벽하게 이해할 수 없다. 그렇다고 이해하려는 노력을 포기하라는 뜻은 아니다. 완벽하게 알 수 없으니, 섣불리 안다고 넘겨짚지 말고 물어야 한다. 하지만 우리는 질문이 계속되면 곤란해하거나 불편함을 느끼곤 한다. 때로는 자신의 속마음을 잘 모르는데, 누군가 갑자기 그 내면을 캐려 하면 두려움마저 느낄 수 있다. 그럴 때는 도망가고 싶고, 상대방이 부담스럽게 느껴지는 건 당연하다.

그래서 잘 듣기 위해 질문할 때는 내 태도와 목소리 톤 등이 상대방을 이해하려는 의도를 잘 드러내고 있는지 점검해야 한다. 또 상대방의 의도를 알아차렸다고 해서 바로 3단계로 뛰어넘어서는 안 된다. 갑자기 치고 들어오면 상대방은 안전함과 편안함을 느끼기 어렵고, 말문이 막히게 된다.

차근히 1단계와 2단계를 오가다 보면, 대개 상대방은 스스로 원하는 것을 찾게 된다. 설사 그것이 내가 처음에 하려던 조언과 같더라도, 결국 자기 입으로 결론을 내려야 한다. 그래야 스스로 만족할 수 있고, 그 과정을 함께해준 상대방에게 고마운 마음도 생긴다.

학생들에게는 같이 험담하지 않고도 친구의 말을 잘 들어주는 방법, 내 머리를 쥐어짜지 않고도 친구의 고민을 해결해주는 방법, 심지어 고맙다는 말까지 들을 수 있는 방법을 알려주겠다고 이야기를 꺼낸다. 특히 마음이 여린 학생들은 친구의 말을 들어주는 일이 학교생활의 큰 고충이 되기도 한다. 같이 맞장구치기는 싫지만, 그렇다고 아무 반응도 안 할 수는 없으니까.

첫 번째 단계를 말해주는 순간, 학생들은 웃음을 터뜨린다. '상대방 말 따라 하기'는 상대방을 놀릴 때나 쓰던 방법인데, 이게 제대로 된 듣기 방법이라고 하니 믿을 수 없다는 반응이다. 여기서도 의사소통에 영향을 미치는 세 가지 요소를 떠올려야 한다. 상대방을 놀리려 할 때와 상대방의 말을 제대로 듣겠다는 마음일 때, 똑같은 '말'이라도 태도와 목소리 톤 등에 차이가 생기고 상대방에게 미치는 영향도 당연히 달라질 수밖에 없다. 학생들은 반신반의하면서도 그 차이를 어느 정도는 가늠하게 된다.

상대방의 기분을 대신 말할 때는 "이러이러한 기분이겠다" 혹은 "이러이러한 기분이었어?"처럼 추측 표현이나 의문형으로 하라고 한다. 우리는 상대방의 마음을 속속들이 알 수 없으므로 상대방이 아니라고 할 수도 있다. 그럴 때는 "아, 이러이러한 건 아니라는 거구나" 하며 상대방의 말을 따라 하면 된다(1단계). 상대방이 "응" "맞아"라고 하면 잘 듣고 있다는 초록 신호다.

교사가 말하는 사람이 되어 학생에게 '입으로 듣기'를 해보라고 하거나, 학생이 하는 말을 교사가 '입으로 듣기'를 하며 시범을 보이면서 여러 차례 연습했다. 하지만 즉흥적으로 역할을 정해 입으로 듣기를 시도한 활동은 절반의 성공이었다.

1단계에서 나도 모르게 대답하거나 충고·조언·평가·판단·위로를 하는 등 의외로 적용이 쉽지 않았다. 또 2단계, 3단계로 넘어가면 실제 상황이 아니다 보니 상대방이 내 기분이나 욕구를 알아줬을 때의 속 시원함을 실감하기 어려웠다. 그래서 학생들은 긴가민가하며 대강의 느낌만 맛봤다.

하지만 '입으로 듣기' 수업은 학생들에게 강한 인상을 남겼던 모양이다. 놀림의 의미 없이 장난처럼 상대방의 말을 따라 하는 아이가 많이 생긴 것이다.

말로 꺼낸 마음, 달라지는 관계

[8차시] '말하기 3종 세트' 수행평가 이야기

학교에서 일어날 수 있는 갈등 상황을 제시하고 여러 번 연습한 뒤 수행평가를 안내했다. 이후 여덟 번에 걸쳐 수업 시작 전에 '말하기 실천 사례'를 쓰게 했는데, 세 가지 말하기가 적어도 두 번씩은 들어가도록 했다. 실제로 실천한 사례가 없으면, 미처 하지 못했던 말을 써도 좋다고 안내했다. 그리고 8주 후에는 자신의 말하기 습관을 되돌아보는 글을 작성하게 했다.

수업 내내 다양한 예를 들며, 학교나 가정에서 흔히 일어날 법한 상황을 설정해 단계에 따라 여러 번 연습했다. 학생들은 대부분 처음에는 "이게 실제로 효과가 있을까?" 하며 반신반의했다. 하지만 막상 시도해보니 어색해서 머뭇거리기도 했지만, 분명히 효과가 있었다는 반응이 많았다.

특히 '속상한 일 말하기'에 대한 만족도가 높았다. '사과하기'나 '감사하기'는 평소 훈화나 도덕 시간 등에서 접할 기회가 있었지만, 속상하고 힘든 마음을 표현하는 법을 배운 적은 처음이라서 그랬을 것이다. 그래서인지 평소 착하고 순한 성격이라 속앓이만 하던 아이들이 답답했던 마음을 조금이나마 표현하며 얼굴이 밝아지는 모습을 많이 볼 수 있었다. 말로 마

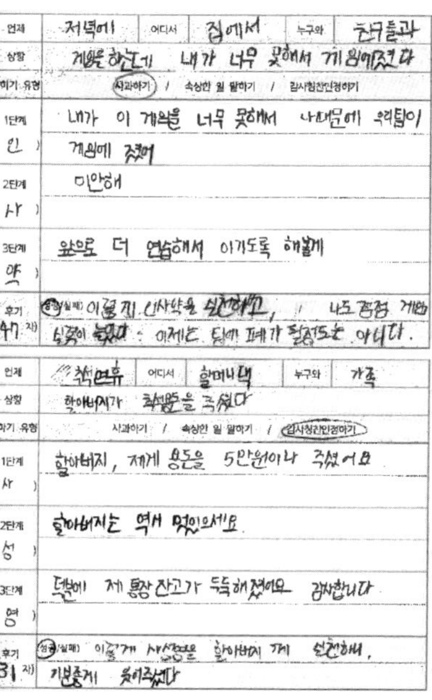

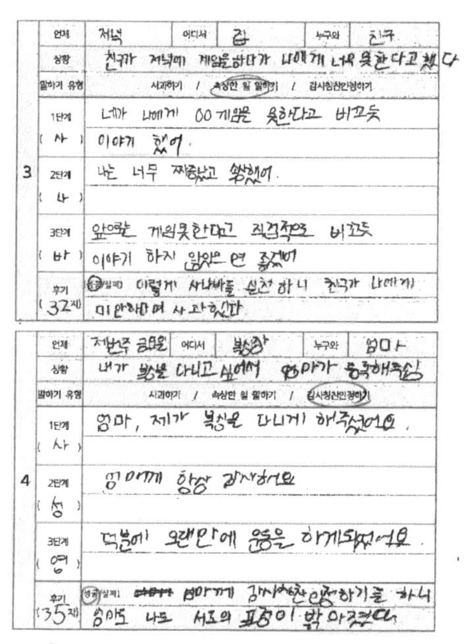

수행평가 학습지(학생 답안 예시)

음을 표현하는 경험이 적었던 남학생들에게도 의미 있는 시간이었다. 심지어 인터넷에서 자신의 글을 도용한 사람에게 사과를 요구해, 바로 다음 날 사과문을 받아낸 놀라운 사례도 있었다.

'사과하기'는 어렵지만 하고 나니 마음이 후련해졌다는 후기가 많았고, '감사하기'는 상대방도 좋아했지만 자신이 더 기뻤다는 반응이 많았다. 학생들은 처음에는 이 활동들이 다소 비현실적이라 여겼지만, 실제로 효과가 있다는 사실에 놀라워했다. "가는 말이 고와야 오는 말이 곱다"라는 속담처럼 좋은 마음을 말로 잘 표현하면 관계의 선순환이 일어난다는 것을 경험한 학생들의 표정은 무척 밝았다. 작은 일로 속상해하다가도 진심 어린 사과 한마디에 마음이 풀리고, 상대방의 좋은 점을 인정하는 기쁨을 알게 된 아이들은 얼마나 사랑스러운지.

수행 과정에서 내가 가르친 3단계를 정확히 지키지 않은 경우도 있었지만, 대체로 원만하게 대화가 진행되었다. 내가 수업 내내 가장 강조한 건, '이 말을 통해 전하고 싶은 진심이 무엇인지 먼저 확인한 뒤, 태도와 목소리 톤 등을 점검하라'는 것이었다. 잘 지내고 싶다는 진심이 분명히 드러나는 태도와 목소리 톤 등으로 말을 건네면, 방법이나 절차는 결정적인 요소가 되지 않는다는 사실을 보여주고 싶었다.

다음은 수행평가 마무리 단계에서 학생이 작성한 수업 후기다. 이 수업과 과제에 대해 처음 품었던 의구심부터, 말하기를 배우며 겪은 변화가 진솔하게 드러나 있다.

내가 사람에게 말하고 행동하는 게 이렇게 좋지 않았구나 새삼
느끼게 되고, 내가 잘못했을 때나 속상한 일이 생겼을 때, 감사한
일이 있을 때 어떤 말, 어떤 표정, 어떤 행동으로 표현해야 하는지
깨달았다. 인간관계를 평생 맺으며 살아가야 하는 사람으로서,
중학교 때나마 이렇게 '말하기'를 배워두는 게 도움이 참 많이
되겠구나 생각했다. 그리고 생각보다 내 말의 습관이 점점, 아주
조금이지만 변화되어 가는 게 보여서 뿌듯하고 기뻤다. 솔직히
말하면 처음에는 이 활동에 대한 거부감이 조금 있었다. 요즘
아이들은 모두 안 좋은 언어 습관을 가지고 있고, 그 속에는
나도 포함이었기 때문이다. 하지만 반 아이들의 솔선수범과
계속 반복적으로 듣는 반복 학습의 힘으로 나도 변할 수 있어서
좋았다. 또 나는 이 활동을 하면서 후기를 모두 작성했는데,
처음에는 단순히 후기를 쓰기 위해 실천했던 인사약, 사나바,
사성영이었지만, 여러 번 하다 보니 이 말이 나오게 되어서
후기를 꾸준히 잘 쓸 수 있었던 것 같다.

(양운중학교 1학년 김다온(가명))

이 수업 이후 아이들, 특히 남학생들은 복도에서 놀다가 내
가 지나가기만 하면 부른다.

"선생님, 얘가 나한테 ○○○ 했어요!"

그러면 나는 다가가서 "그래? 그럼 속상한 일 말하기를 해 보자" 하며 대화를 이어간다. 많은 아이가 둘러선 가운데 쑥스러워하면서도 자기 기분을 말하고 사과를 요구한다. 상대방도 쑥스러워하면서 사과를 3단계에 걸쳐서 한다. 장난 반, 진심 반이지만 아이들의 얼굴이 한결 밝아지는 걸 보면 마음을 제대로 표현한다는 게 얼마나 귀한 일인지 새삼 느끼게 된다.

초등학교 시절부터 수없이 학교 폭력 예방 교육을 받아온 아이들은 이론적으로는 학교 폭력이 나쁘다는 것을 잘 안다. 학교 폭력 중 신체 폭력의 비중은 줄어드는 추세다. 하지만 일상에서 주고받는 말은 쉽게 입 밖으로 튀어나와 실수나 다툼으로 이어진다. 이런 갈등을 현명하게 해결하는 방법을 제대로 배워본 적 없는 학생들은 혼자 속앓이하거나, 오히려 더 큰 갈등으로 비화시키곤 한다. 실제로 학교 폭력은 언어폭력의 비중이 가장 높고, 다른 폭력 유형과도 깊게 연관되어 있다.

이 수업을 하고 수행평가를 검사하면서 아이들의 마음이 한결 가벼워진 것을 확인했다. 일부러 가해자가 되려던 건 아니지만 잘못했을 때 어른의 도움 없이 스스로 해결하고 싶어도 방법을 몰라 막막하고 답답했던 아이, 친구들과 잘 지내고 싶었지만 친구의 조그만 일탈에 '동참' 아니면 '신고'밖에 선택지가 없어 괴로워하던 아이. 그런 아이들이 밝게 웃으며

"국어도 현실에서 쓸모가 있네요"라고 말하는 것이 반갑고 고맙다.

가장 큰 수혜자는, 나

이 수업으로 가장 큰 도움을 받은 사람은 사실 나다.

어린 시절 나는 말이 없는 아이였다. 말이 없으면 대개 무던한 사람으로 보인다. 하지만 나는 하고픈 말을 제대로 표현하지 못해 억울하고 답답한 마음이 많이 쌓여 있었다. 그러다 막상 내 마음을 말할 기회가 오면, 여태까지 쌓아왔던 감정을 하나씩 풀어내기가 버거워 결국 감정이 한꺼번에 폭발하듯 터져 나왔다. 그러고 나서는 늘 괜히 말했다고, 역시 입 다물고 있으면 중간이라도 간다며 후회하곤 했다.

그 아이는 커서도 크게 달라지지 않았다. 달라질 방법을 몰랐으니까. 하지만 사회생활은 해야 했기에 요령을 조금씩 익혔고, 때로는 효과가 있었지만 때로는 고꾸라졌다. 그러면서 요령보다 더 근본적인 원리를 알고 싶다는 욕구가 생겼다.

마셜 B. 로젠버그가 쓴 《비폭력 대화》를 읽고, 마음리더십 연수를 들으면서 조금씩 대화의 원리를 맛보기 시작했다. 교사 모임에서 수업 사례를 얻고, 그것을 내 나름대로 적용하면서 시행착오를 겪었다. 하지만 학생들과 이 수업을 한 덕분에 비로소 확실히 몸으로 익힐 수 있었다. 사실을 바탕으로 자신의 기분을 전달하고, 진정으로 원하는 것을 표현하는 일이 내 내면에 어떤 영향을 미치는지 알게 되었다. 상대방에게는 어떤 울림을 주고, 진실한 마음을 적절한 방법으로 표현할 때 또 다른 울림이 생기는 경험도 했다. 아직도 내 마음에 내가 걸려 넘어지는 일이 하루에도 여러 번이지만.

아이들은 수업 내내 "이게 과연 될까?" 하며 의심 반, 장난 반으로 임했다. 수행평가를 시작할 때도 "이게 진짜 효과가 있을 리 없다"라고 의심했는데, 사실 나도 크게 다르지 않았다. 나 자신을 믿지 못했기에 상대방도 믿을 수 없었다. 하지만 이제는 내가 좋아하지 않거나 못 미더워하는 상대방이 어떤 말을 할 때, 그 말 뒤에 내가 미처 알지 못한 사정이나 사연이 있으리라 생각하며 조금 더 여유 있게 대하게 된다. 물론 내가 진심을 다해 응해도 그 마음이 때로는 받아들여지지 않을 수 있다는 사실도 조금은 이해하게 되었다.

120

꿈을 찾는
말하기 수업

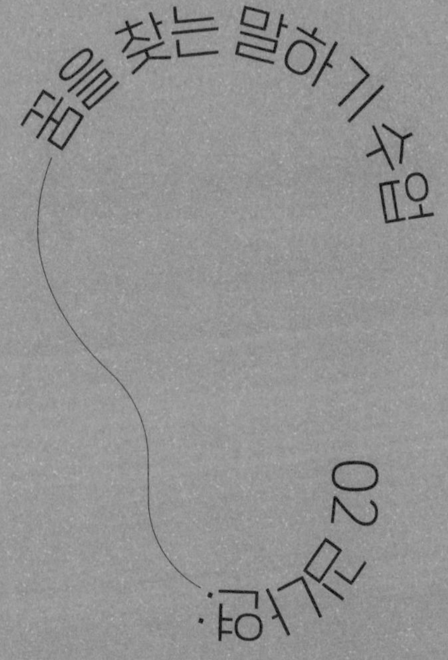

발표의 질을 높이는 작문·매체·화법 융합 프로젝트

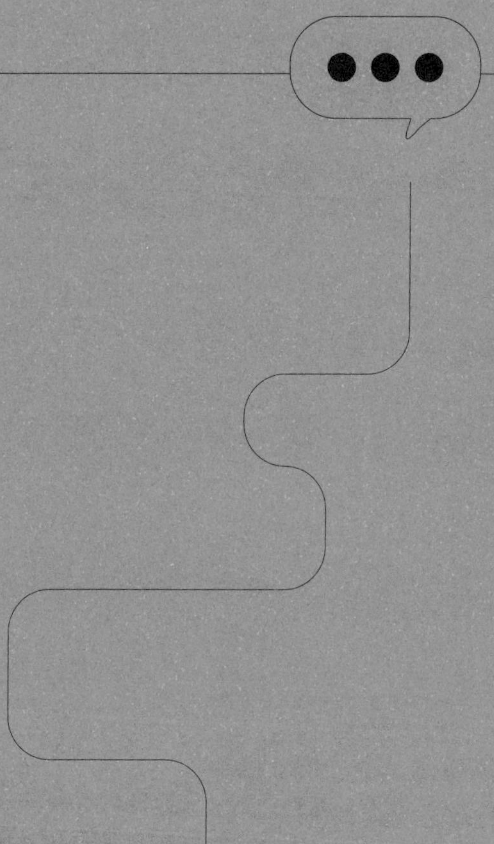

김나연

Q 국어 시간에 하고 싶은 활동은 무엇인가요?

A 발표만 아니면 다 괜찮아요.

첫 수업 시간에 진행했던 설문 조사에서 꽤 많은 학생이 작성한 답변이다. 나는 중학교로 신규 발령을 받으면서 '어떤 수업 활동을 해야 학생들에게 도움이 되면서도 재미있을까' '학생들이 원하는 활동은 무엇일까'를 고민하다 설문 조사를 했다. 그 결과 대부분 학생이 글쓰기나 토론 등을 원했고, 발표는 하고 싶어 하지 않았다.

나는 이 결과를 보고 놀랄 수밖에 없었다. 가장 해보고 싶고 가장 필요하다고 생각한 수업이 바로 '발표' 수업이었기 때문이다. 물론 나도 학생일 때는 발표 수업을 그다지 좋아하지 않았다. 앞에 나가서 발표만 하면 목소리가 덜덜 떨리는 게 남들에게 다 느껴질 정도였기 때문이다. 하지만 중고등학교 시절에 발표했던 경험은 훗날 큰 도움이 되었다. 사람들 앞에 서서 이야기할 때마다 목소리가 떨리던 아이가 대학교에 가서는 자진해서 발표하겠다고 나설 정도였으니 말이다. 발표에 대한 불안감을 극복한 나처럼 내가 가르칠 아이들도 발표에 자신감이 붙도록 도와주고 싶었다.

신규 발령을 받은 첫해에 만난 1학년 학생들을 그다음 해에도 가르치게 되었다. 1학년 학생들은 국어 시간에 발표를 시키지 않았다. 1학년이라 발표를 잘할 수 있을지 걱정되기도 했고, 앞서 언급한 것처럼 학생들이 발표를 굉장히 부담스러워했기 때문이다. 그러다 학생들이 자치회 선거에서 공약을 발표하거나 학교 행사에서 발표하는 모습을 보며 '아이들이 발표할 때의 자세나 태도에 대해 아직 잘 모르는구나' '아이들에게 발표하는 방법을 가르쳐야겠구나' 하는 생각이 들었다. 그래서 2학년 2학기에 발표 수업을 계획하게 되었다.

그 과정을 시작하며 가장 먼저 고민한 건 '발표 주제'였다. 첫해에 3학년을 대상으로 '주장하는 말하기' 수행평가를 봤다. 그때는 주제를 주지 않고 자유롭게 정하도록 했다. 그랬더니 대부분 학생이 인터넷 검색으로 주제를 정해왔고, 자신들과 크게 관련이 없는 주제다 보니 내용 정리가 잘 안 되어 횡설수설하는 경우가 많았다. 그래서 이번 발표 수업에서는 학생들과 관련성이 높은 주제를 정해야겠다고 생각했다. 자신과 관련 있는 주제라면 발표를 준비하는 과정에서 자기 탐색의 기회를 얻을 수 있고, 발표 내용도 더 풍부해지기 때문이다. 그렇게 해서 정한 주제가 '직업 탐색'이었다.

중학생들에게 "희망 직업이 뭐니?"라고 물어보면, 대부분 "아직 없어요"라고 답한다. 원하는 직업이 있다고 해도 주로 자신들이 평소에 쉽게 접하는 선생님, 가수, 의사, 축구 선수 등이다. 나는 진로 교사는 아니지만, 학생들이 국어 수업을 통해 다양한 직업을 탐색하고 자신이 관심 있는 직업을 집중적으로 탐구해보기를 바랐다. 한 단계 더 나아가, 친구들에게 자신의 희망 직업이나 조사한 직업을 소개하며 다른 직업에 대해서도 알아가는 시간이 되었으면 했다.

이 수업을 작문 영역, 매체 영역, 화법 영역이 융합된 형식으로 설계한 이유는 학생들의 발표 내용이 풍성해지고, 발표를 보조하는 매체 자료가 더해지기를 바랐기 때문이다. 단순히 내용 전달력이나 제스처만 중요한 게 아니라, 발표 내용과 이를 돕는 다양한 시각 자료가 발표에 큰 영향을 미친다는 것을 가르치고 싶었다. 또 다른 이유는 세 가지 수행평가를 연결

'작문·매체·화법' 융합 수업 흐름(19차시)

영역	차시	수업 내용
작문 (쓰기)	1~2차시	설명하는 글쓰기 본문 학습
	3~4차시	직업 선정 및 관련 정보 조사
	5차시	개요 및 초고 쓰기
	6차시	직업을 설명하는 글쓰기
매체	7~8차시	매체 바르게 읽기 본문 학습
	9~11차시	직업 소개 카드뉴스 제작
	12차시	자신이 제작한 카드뉴스의 내용과 의도를 소개하는 글쓰기
	13차시	다른 학생이 제작한 카드뉴스의 내용과 의도를 평가하는 글쓰기
화법 (듣기·말하기)	14~15차시	매체의 효과를 고려하며 듣기 본문 학습
	16~17차시	발표 원고 작성 및 카드뉴스 수정하기
	18~19차시	카드뉴스를 활용해 발표하기, 매체의 효과를 고려하며 듣기

해 진행하면 학생들에게 부담이 적을 것 같았기 때문이다. 나는 '직업 탐색'을 주제로 선정했지만, 이외에도 다양한 주제를 적용할 수 있다.

하고 싶은 직업을 시작으로

[1~4차시] 직업 카드와 함께하는 자기 탐색

설명하는 글을 잘 쓰려면 먼저 설명문을 쓰는 방법을 정확하게 알아야 한다. 〈설명하는 글쓰기〉 단원은 〈설명 방법 파악하며 읽기〉 단원과 연결되어 있다. 그래서 설명 방법을 먼저 가르친 뒤 이를 활용해 설명문을 쓰는 방법을 안내하면 된다. 대상을 효과적으로 설명하려면 내용에 맞는 적절한 설명 방법을 선정해 활용하는 것이 중요하다.

먼저 교과서 본문을 통해 설명문에서 설명 방법이 어떻게 활용되는지와 설명문 작성 단계를 안내했다. 정의, 예시, 분류, 구분 등의 설명 방법이 활용된 설명문을 읽어보고, '계획하기-내용 생성하기-내용 조직하기-표현하기-고쳐쓰기'의 단계에 따라 설명문을 쓰는 방법을 학습하도록 했다. 학생들은 이전 수업에서 설명 방법을 반복적으로 학습하고 활용해봐서 〈설명하는 글쓰기〉 단원을 어렵지 않게 이해했다.

다음으로 3~4차시에는 직업을 선택할 때 자신이 중요하게 생각하는 가치가 무엇인지 파악한 후, 소개할 직업 한 가지를 정하도록 했다. 직업 가치관을 파악하는 활동을 먼저 진행한 이유는 학생들이 자기 탐색을 통해 자신을 인식하기를 바랐기 때문이다. 또 희망 직업을 고를 때 단순히 '부모님이 원해서' '재미있어 보여서' 등이 아니라, '나는 직업을 통해 무엇을 얻고 싶은가?'라는 질문을 던지게 하고 싶었다.

직업 가치관을 파악하는 가장 좋은 방법은 커리어넷 직업 가치관 검사를 활용하는 것이다. 하지만 그렇게 하면 국어 수업이 아닌 진로 수업의 성격이 짙어질 것 같았다. 그래서 직업 가치관 검사의 하위 요소를 제시하고, 학생들이 스스로 우선순위를 정하게 했다. 하위 요소로는 '능력 발휘' '자율성' '보수' '안정성' '사회적 인정' '사회봉사' '자기 계발' '창의성'이 있다. 학생들은 학습지(163쪽 참조)에 제시된 설명을 읽고, 자신이 중요하게 생각하는 가치관 순서대로 순위를 매긴다. 그다음 본격적으로 소개할 직업 하나를 정한다.

직업 선정 단계를 설계할 때 들었던 고민은 '어떻게 하면 아이들이 관심 있는 직업을 찾는 데 도움을 줄 수 있을까?'였다. 학생들이 다양한 직업을 탐색하도록 '직업 탐색'을 주제로 정했는데, "너희가 알아서 직업을 하나 정해"라고 말하는 건 처음 목적과 맞지 않았다. 그래서 떠올린 교구가 바로 '직업 카드'다. 학교에 계신 진로 선생님께 직업 카드를 빌리고, 국어과 예산으로 직업 카드 몇 가지를 추가로 구매했다.

모둠별로 직업 카드를 나눠주고 책상 위에 펼치게 했다. 학생들은 자유롭게 직업 카드를 살펴보며, 직업 가치관을 고려해 관심 있는 직업 한 가지를 선택하면 된다. 직업을 선택하는 데 어려움을 겪는 학생들에게는 시간을 넉넉하게 줘야 한다. 특히 중학생은 진로가 확실히 정해지지 않은 경우가 많아 "꼭 진로가 아니어도 괜찮아. 관심 있는 직업을 찾아봐"라고 말해도 끝까지 직업을 고르지 못하고 고민하는 학생들이 있다. 이런 아이들은 오히려 직업 카드 속의 다양한 직업을 보면서 더 혼란스러워하기도 했다. 따라서 충분히 고민할 시간을 제공하는 것이 필요하다.

곁에서 "평소에 관심 있는 분야가 뭐니?" "취미나 좋아하는 활동은 뭐야?" 같은 질문을 던져 학생의 관심사를 끌어내는 것도 도움이 되었다.

학생: 선생님, 직업을 못 고르겠어요. 하고 싶은 직업이 없어요.

교사: 평소에 좋아하는 취미 활동이나 관심 있는 분야를 떠올려볼래? ○○이는 드럼에도 관심 있고, 작년에 면담하기 수행평가 때 가수를 인터뷰하기도 했잖아. 그거랑 관련지어서 생각해봐도 좋겠는데?

학생: 음… 그럼 저는 '음향 기사'에 대해 조사할래요.

직업을 정한 학생에게는 스마트폰이나 태블릿을 제공해 직업 관련 정보를 찾아 학습지(164쪽 참조)에 정리하도록 했다. 학습지는 직업 카드 제작사에서 제공한 자료를 참고해 재구성했다. 학생들은 학습지를 활용해 해당 직업이 하는 일, 필요한 능력 및 적성, 필요한 학과 및 자격, 근무 환경, 힘든 점, 미래 전망 등을 조사했다. 이 과정을 통해 설명문 작성에 필요한 내용을 마련하게 된다.

다만 자료 수집 과정에서 한 가지 어려움이 있었다. 바로 학생들이 자료의 신뢰성을 고려하지 않는다는 점이다. 신뢰도가 높고 출처가 분명한 자료를 참고해야 한다고 강조했지만, 몇몇 학생은 여전히 대화형 인공지능이나 개인 블로그를 활용했다.

학생들에게 커리어넷, 워크넷, 신뢰할 만한 인터넷 뉴스 기사, 사전 등을 활용하라고 반드시 주지시킬 필요가 있다. 단순히 "대화형 인공지능이나 개인 블로그 등은 참고 자료로 활용할 수 없어"라고만 말하면 대부분 학생이 "왜 안 돼요?"라고 되묻는다. 왜 그런 자료가 신뢰성이 떨어지는지 구체적으로 알려줘야 학생들도 '자료의 신뢰성'이라는 것을 어느 정도 인식하는 듯했다. 그래서 할루시네이션Hallucination° 현상을 예로 들었다. 나는 대화형 인공지능이 인터넷 자료를 기반으로 작동하기 때문에 다시 한번 자료를 검증하는 절차가 반드시 필요하다고 강조했다. 하지만 여전히 대화형 인공지능이나 개인 블로그 등을 참고 자료로 쓰는 아이가 한두 명은 있었다.

글의 처음과 끝을 단단하게
[5~6차시] 개요부터 완성본까지, 직업 설명글 쓰기

이제는 교과서 학습활동을 활용해 개요를 작성하고, 초고를 써보는 시간이다. 5차시에는 3~4차시 때 학습지에 정리한 내용을 활용해 어떤 흐름으로 설명문을 작성할지 내용을 조직해보고, 간략히 개요를 적게 했다.

"처음 부분에는 어떤 내용을 넣어야 해요?"

"마무리를 어떻게 해야 할지 모르겠어요. 너무 어려워요."

개요를 작성할 때 학생들이 가장 많이 도움을 요청한 내용이다. '중간'은 조사한 자료를 바탕으로 내용을 구성하면 되지만, '처음'과 '끝'은 자신의 생각을 담아 글을 시작하고 마무리

○ 인공지능이 사실과 다른 내용을 사실인 것처럼 전달하거나, 실제로 존재하지 않는 내용을 사실처럼 답변하는 것을 의미한다.

해야 한다. 그래서 아이들은 '처음'과 '끝'의 내용을 생각하는 것을 특히 어려워했다.

이럴 때는 교과서 본문이나 다양한 설명문 예시를 활용해 보통 설명문에서 '처음'과 '끝'에 어떤 내용을 제시하고 있는지 파악할 수 있도록 도와야 한다. 또 발표 원고로 활용될 설명문을 작성하는 것이므로, 실제 발표 영상을 예시로 보여주는 것도 효과적이다.

처음 부분에는 네가 설명할 직업이 무엇이고, 왜 그 직업을 고르게 되었는지 등의 내용이 들어가면 좋겠지? 글을 끝까지 읽게 하려면 처음 부분에서 독자의 흥미를 끄는 게 중요해. 끝 부분에는 교과서 본문처럼 지금까지 설명한 내용을 요약하고, 마지막으로 독자에게 하고 싶은 말을 쓰면 돼. 진로를 이루기 위한 포부나, 사람들이 이 직업에 더 관심을 가지길 바라는 소망 등 다양한 내용이 들어갈 수 있겠지.

수행평가는 6차시에 진행했다. 수행평가지(166쪽 참조)에 '직업을 소개하는 설명문'을 작성하고, 교정 부호를 활용해 고쳐 쓰며 최종본을 완성하도록 했다. 이때 설명 방법을 활용한 문장에는 밑줄을 긋고, 어떤 설명 방법을 활용했는지와 그 이유를 적도록 안내했다. 학생들은 자신이 선정한 직업을 적절한 방법을 사용해 효과적으로 설명했다. 그중 서윤이의 설명문을 소개한다.

멋진 일러스트를 그리는 피카소, 일러스트레이터

시화나래중학교 2학년 박서윤

일러스트레이터에 대해 알고 있는가? 안다면 얼마나 알고 있는가? 흔히 일러스트레이터라 하면 그림 그리는 사람, 그중에서도 소위 일러스트라고 불리는 그림을 그리는 사람을 떠올릴 것이다. 대표적으로 웹툰 작가나 굿즈를 디자인하는 사람, 로고를 제작하는 사람 등이 있다(예시: 일러스트레이터의 대중적인 예시를 들어 독자의 이해를 돕기 위함). 게임, 애니메이션, 만화책, 음반 표지나 광고 등 요즘에는 쉽게 볼 수 있는 일러스트. 이 일러스트를 그리는 일러스트레이터에 대해 지금부터 알아보고자 한다.

일러스트레이터란 과거에는 삽화를 그리는 사람을 칭하는 단어였다. 하지만 현대에는 삽화뿐 아니라 애니메이션, 광고, 멀티미디어 영역까지 그 뜻이 확장되었다(정의: 일러스트레이터의 뜻을 제시해 일러스트레이터가 정확히 무엇인지

설명하기 위함). 일러스트레이터가 하는 일에는 무엇이

있을까? 일러스트레이터는 일러스트를 그리는 것뿐 아니라,

의뢰인과 의논하고 견본을 제작하는 등의 일을 한다. 대부분

일러스트레이터는 의뢰를 받고 그림을 그리는데, 이때 의뢰인의

취향과 스타일에 맞춰 견본을 제작하고 의뢰인과 의논해

작업물을 수정하기도 한다.

그렇다면 일러스트레이터가 되기 위해 해야 할 일이나 도움이

되는 것은 무엇일까? 일러스트레이터가 되기 위해서는 예술

시각 능력, 창의력, 색채 감각, 조형 감각 등이 필요하다.

시각디자인 관련 학과나 시각디자인 산업기사 자격증도 도움이

된다.

일러스트레이터는 주로 앉아서 근무하고, 재택근무나 관련

회사의 직원, 또는 강사로 일하기도 한다. 주로 그림을 그리는

것이 일이다 보니, 몇 시간 혹은 거의 하루 종일 그림을 그리기도

한다. 따라서 손목이나 허리, 엉덩이가 많이 아플 수 있다.

또 모니터나 태블릿을 바라보고 그림을 그려야 하기 때문에

거북목이나 디스크가 생기기도 한다(인과: 자세가 안 좋아진다는

부정적인 점을 그 이유와 함께 설명해 일러스트레이터의 고충을

소개함).

지금까지 일러스트레이터에 대한 핵심 내용을 쏙쏙 뽑아

알아봤다. 일러스트레이터의 전망은 향후 5년간 현 상태를 유지할 것으로 보이며, 멀티미디어 시대로 접어듦에 따라 다양한 시각적 이미지를 통해 더 많은 정보를 전달할 수 있게 될 것이다. 점점 다양한 방법과 스타일의 일러스트가 생기는 것이 바로 이러한 이유 때문이다. 패션 디자이너 칼 라거펠트는 "비교가 끝나는 시점에 개성은 시작된다(Personality begins where comparison ends)"라는 명언을 남겼다(인용: 칼 라거펠트의 말이 글쓴이가 말하고자 하는 바와 일치해 의미를 보충하고 결론을 인상 깊게 끝내기 위함). 일러스트레이터를 꿈꾸는 사람들이나 이 글을 읽는 모두가 남과 비교하지 말고 자신만의 색, 스타일, 개성을 찾아 그림을 그리기를 바란다.

서윤이는 평소 꿈꾸던 '일러스트레이터'라는 직업을 예시, 정의, 인과, 인용 등 다양한 방법을 활용해 효과적으로 설명했다. 처음 부분에서는 독자의 흥미를 끌기 위해 질문을 던지고, 중간 부분에서는 일러스트레이터의 개념, 필요한 적성, 직업적 어려움까지 구체적으로 풀어냈다. 끝 부분에서는 일러스트레이터의 전망과 자신이 전하고 싶은 말을 제시하며 마무리했다. 이때 인용을 활용해 메시지를 강조함으로써 독자의 기억에 남도록 한 점이 인상 깊다.

핵심만 말하는 데 필요한 것

[7~11차시] 개성을 담아 간결하게, 카드뉴스 만들기

발표를 위한 매체 자료를 만들려면, 먼저 매체 자료가 무엇이며 어떻게 읽고 활용해야 하는지를 알아야 한다. 〈매체 바르게 읽기〉 단원으로 매체에 담긴 의도를 파악하고, 내용의 적절성과 표현 방법의 효과를 평가하는 방법을 가르치기로 했다. 이때 교사는 매체 영역에서 학습한 내용을 토대로 학생들이 자신의 의도를 바탕으로 적절한 내용과 표현 방법을 담은 매체를 제작할 수 있도록 지도해야 한다.

7~8차시에는 교과서 본문을 바탕으로 광고와 기사문에서 활용할 수 있는 표현 방법, 그리고 광고와 기사문에는 제작자의 의도가 반영된다는 점을 안내했다. 또 학습활동을 통해 매체의 내용과 표현 방법이 적절한지 판단하고 평가하며, 매체를 바르게 읽는 연습을 하도록 했다. 개인적으로 이 내용은 요즘 아이들에게 꼭 필요하다고 생각한다. 아무래도 매체를 많이 접하게 되는 만큼 매체를 '바르고 똑똑하게' 읽는 법을 알아야 하기 때문이다. 학생들은 매체에서 전하는 내용을 변별 없이 수용하는 경우가 많으므로 반드시 가르쳐야 할 사항이다.

이제는 작문 영역 수행평가에서 작성한 설명문을 활용해

'직업을 소개하는 카드뉴스'를 만들 차례다. 9~11차시에는 캔바, 미리캔버스 등 카드뉴스를 제작할 수 있는 다양한 프로그램을 안내하고, 학생들이 자유롭게 선택해 4~6면의 카드뉴스를 만들도록 했다.

처음에는 학생들이 프로그램을 잘 다룰 수 있을지 걱정되었다. 하지만 학생들은 생각보다 능숙하게 프로그램을 활용해 카드뉴스를 만들어냈다. 처음에는 어려워하던 아이들도 주변 친구들에게 물어보며 스스로 문제를 해결해나갔다.

나는 돌아다니며 카드뉴스 제작에 어려움을 겪는 학생들을 도와줬다. 카드뉴스 예시를 다양하게 보여주고, 지속적으로 아이들의 활동을 관찰하며 수시로 피드백을 제공했다.

글자 크기가 너무 작고 얇아서 내용이 눈에 잘 띄지 않네. 글자 크기를 좀 더 키우고 중요한 부분을 굵게 표시하면 내용이 더 한눈에 들어올 거 같은데, 어때? 한번 고쳐볼까?

이때 유의할 점이 있다. 학생들이 프로그램을 잘 사용하기는 하지만, 그래도 미숙한 부분이 있다 보니 카드뉴스를 제작하는 데 꽤 오랜 시간이 걸린다는 것이다. 학생마다 걸리는 시간도 천지 차다. 어떤 학생은 한두 시간 만에 완성하기도 하고, 어떤 학생은 세 시간을 줘도 완성하지 못하기도 한다. 그래서 나는 빨리 완성한 학생에게는 바로 피드백을 제공해 결과물을 보완할 수 있게 했다. 시간이 오래 걸리는 학생에게는 점심시간이나 방과 후 등 추가 시간을 줘서 모두 카드뉴스를 완성할 수 있도록 했다.

학생들에게는 지금 만드는 카드뉴스가 발표 보조 자료임을 명시해줘야 한다. 이런 이유로 카드뉴스는 내용이 간결하고 가독성이 좋아야 한다. 일반적인 카드뉴스처럼 인터넷에 게시되는 용도라면 한 페이지에 많은 내용이 담겨도 괜찮을 것이다. 하지만 발표 보조 자료로 활용할 카드뉴스이므로 내용을 요약해서 제시하거나 글자 크기를 크고 굵게 하는 등 가독성을 고려한 구성이 필요하다. 이 점을 학생들에게 명확히 안내했다.

우리가 만드는 카드뉴스의 용도는 '발표에 활용할 보조 자료'란다. 그래서 내용을 문장 형식으로 길게 적는 것보다 중요한 내용을 위주로 요약해서 간략하게 적는 게 좋아. 그래야 청중이 매체 자료의 핵심만 파악할 수 있고, 발표에 더 집중할 수 있단다.

'설명과 평가', 발표로 나아가는 디딤돌
[12~13차시] 카드뉴스 속 의도와 표현 발견하기

단순히 카드뉴스만 제작하고 끝내는 것은 매체 영역 수업의 본래 의도에서 벗어난다는 생각이 들었다. 그래서 학생들이 자신의 카드뉴스 내용을 되짚어보고, 배운 내용을 활용해 자신이 제작한 매체에 사용된 표현 방법이나 매체의 효과 등에 대해서도 생각해보도록 지도했다.

이를 위해 12차시에는 수행평가지(168쪽 참조)를 활용해 자신이 만든 카드뉴스의 내용과 의도를 구체적으로 설명하는 글을 작성하게 했다. 자신이 만든 카드뉴스의 내용을 페이지별로 설명하고 어떤 표현 방법을 활용했는지, 그 의도가 무엇인지를 상세하게 서술하도록 했다.

매체 영역의 학습 목표가 '매체에 드러난 다양한 표현 방법과 의도를 평가하며 읽는다'였기 때문에 다른 사람이 제작한 매체를 읽으며 그 의도를 적절하게 평가할 수 있는지를 확인해야 했다. 그래서 13차시에는 다른 학생의 카드뉴스를 평가하는 수행평가를 함께 진행했다.

이를 위해 먼저 학생들이 제작한 카드뉴스를 쭉 살펴본 뒤 표현 방법과 의도가 잘 드러난 카드뉴스 다섯 편 정도를 선정해 패들렛에 게시했다. 그중 자신이 원하는 카드뉴스를 하나 고르도록 안내했다. 이렇게 후보를 정해준 이유는 학생들이 만든 카드뉴스의 수준이 제각각이었고, 선택한 카드뉴스에 따라 수행평가 결과가 달라질 수 있었기 때문이다.

카드뉴스를 고른 다음에는 자신이 고른 카드뉴스의 내용을 서술하고 카드뉴스에 활용된 표현 방법이 무엇인지, 그 표현 방법을 사용한 의도가 무엇일지 생각해 수행평가지(170쪽 참조)에 작성하도록 했다. 또 해당 카드뉴스의 목적과 의도를 기준으로, 활용된 표현 방법이 적절한지를 평가해 글을 작성하도록 했다.

다음은 은서의 카드뉴스 설명 글과 이에 대한 우진이의 평가 글이다.

카드뉴스 의도 설명 글쓰기

시화나래중학교 2학년 최은서

[자신이 만든 카드뉴스의 내용 설명하기]

1면: 법의학자라는 직업에 궁금증이 생길 수 있도록 '죽어야 만날 수 있는 직업?!'이라는 문구와 사진을 추가했다.

2면: 법의학자의 정의, 하는 일, 부검자와의 다른 점을 설명했다.

3면: 법의학자에게 필요한 적성을 설명했다.

4면: 법의학자에게 관심을 가져달라는 말로 마무리했다.

[카드뉴스에 담긴 표현 방법 설명하기]

1면: 법의학자라는 직업에 관심이 생기게 하기 위해 사진을

첨부했다.

2면: 법의학자의 개념을 설명하는 페이지이므로 이해가 더 잘

되도록 사전 내용을 추가했다.

3면: 법의학자와 일반 직장인의 평균 사고력, 부담감 극복 능력,

사명감, 책임감 등을 막대그래프로 표현했고, 의료와 관련된

그림을 추가했다.

4면: 하고 싶은 말 옆에 의료기기와 법을 나타내는 그림으로

법의학자의 의미를 드러냈고, 수술하는 의료진 사진을 추가했다.

[위의 표현 방법을 사용한 의도 서술하기]

우선 법의학자에 대한 관심과 궁금증을 유발하기 위해 사진을

첨부했고, 2면에서는 법의학자라는 직업이 무엇인지 알리기

위해 사전의 내용을 활용했다. 또 필요 적성을 이야기하는

3면에서는 법의학자가 일반인보다 사고력, 부담감 극복

능력, 사명감, 책임감이 더 뛰어나다는 것을 알 수 있도록

막대그래프를 추가했다. 마지막으로 4면에서는 법의학자의
의미를 다시 강조하기 위해 법과 관련된 그림과 의료와 관련된
그림 및 사진을 넣어 마무리했다.

카드뉴스 의도 평가 글쓰기

시화나래중학교 2학년 김우진

[최은서 학생이 제작한 카드뉴스의 내용 설명하기]

법의학자가 하는 일을 설명했다. 법의학자가 하는 일 중에
부검이 있어 '부검자와 다른 것이 무엇이지?'라는 의문이 드는데,
이러한 의문을 해소할 수 있도록 부검자와의 차이를 제시했다.
법의학자에게 필요한 적성도 설명했는데, 특히 사명감과
책임감이 월등히 높다는 것을 그래프로 보여줬다. 마지막으로
법의학자에게 관심을 가져달라는 메시지를 전달했다.

[카드뉴스에 담긴 표현 방법과 의도 파악하기]

1면: '죽어야 만날 수 있는 직업?!'이라는 문구로 독자의 궁금증을
유발했다.

3면: 법의학자에게 필요한 적성이 무엇이고, 그러한 적성들이
다른 직업보다 높다는 것을 그래프를 사용해 한눈에 알아볼 수

있게 했다.

4면: 메스와 판사봉 그림을 활용해 법의학자의 정체성을 잘 나타냈다.

[위에 작성한 표현 방법 및 의도의 적절성 평가하기]

1. 해당 카드뉴스의 목적 및 의도: 법의학자가 어떤 직업인지 설명하고, 사람들에게 법의학자가 무엇인지 알리기 위한 카드뉴스다.

2. 위 표현 방법의 적절성 평가: 마지막 페이지에서 메스와 판사봉 그림을 활용한 것이 적절했다. 법에 의거해 자신의 의학적 지식으로 의료적 판단을 내리는 법의학자라는 직업의 정체성을 확실하게 나타낸 것 같다. 또 제목이 궁금증을 자아내서 다음 페이지로 넘겨보고 싶게 만들었다. 적절한 내용과 시각 자료를 활용해 독자들의 이해를 도운 점도 좋았다.

은서의 설명 글을 보면, 자신이 이 카드뉴스를 만든 목적을 정확히 인지하고 내용을 구상했다는 것이 느껴진다. '법의학자'라는 직업을 정의, 예시, 대조 등 다양한 설명 방법을 활용해 독자가 이해하기 쉽게 설명했다. 또 '카드뉴스'라는 매체의 특성을 고려해, 내가 수업 시간에 계속 강조했던 시각 자료를 적절히 활용했다. 특히 법의학자와 관련된 이미지를 자신의 의도에 맞게 적재적소에 배치한 점이 인상적이었다.

우진이는 은서가 카드뉴스를 통해 전달하고자 한 의도를 정확히 파악했을 뿐 아니라, 새로운 의미까지 찾아냈다. 카드뉴스의 내용과 표현 방법을 바탕으로 적절성을 알맞게 평가하고, 자신이 생각한 장점까지 함께 제시해 평가의 설득력을 높였다. '매체에 드러난 다양한 표현 방법과 의도를 평가하며 읽는다'라는 학습 목표를 달성했을 뿐 아니라, 자신만의 창의적 감상까지 더한 점이 돋보였다. 아이들이 실생활에서 다양한 매체 자료를 접할 때도 우진이처럼 먼저 자료를 객관적으로 살펴본 뒤 자신의 관점에서 자료를 다시 생각해보는 태도가 필요하다.

발표 원고는 설명문과 다르다!

[14~17차시] 구어체와 매체 자료 더하기

매체 자료에 담긴 의도와 표현 방법의 적절성을 평가하며 매체를 '읽는' 방법을 가르친 후에는, 발표할 때 매체 자료를 어떻게 활용하는지도 안내해야 한다. 이 수업의 최종 단계는 학생들이 자신이 만든 매체 자료를 활용해 효과적으로 발표하는 것이기 때문이다.

〈매체의 효과를 고려하며 듣기〉 단원은 발표에 활용되는 다양한 매체 자료의 특성과 효과를 이해하고, 그 효과를 고려하며 발표를 듣는 방법을 학습하는 단원이다. 따라서 학생들이 매체 자료의 특성과 효과를 알고, 이를 바탕으로 다른 사람의 발표를 들으며 매체 자료가 효과적으로 사용되었는지 판단할 수 있도록 지도해야 한다.

이를 위해 14~15차시에는 교과서에 실린 강연 내용을 읽고, 강연에 활용된 사진, 도표, 그림 등 다양한 매체 자료가 각각 어떤 의도로 쓰였으며 어떤 효과를 주는지 안내했다. 또 학습활동을 통해 매체 자료가 강연 의도에 맞게 사용되었는지 평가하고, 발표자의 의도를 바탕으로 더 효과적인 매체 자료를 선정하는 방법을 연습하도록 했다.

작문 영역에서 쓴 설명문을 활용해 발표 원고를 작성하는 활동은 16~17차시에 진행했다. 이때 유의할 점이 있다. 중학생들에게는 발표 원고를 작성하는 방법을 꼭 알려줘야 한다는 것이다.

고등학생이나 성인은 문어체로 된 글을 활용해 발표한다면 그에 맞게 구어체로 자연스럽게 바꿔 말할 수 있겠지만, 중학생은 그렇지 않다. 각자 작성한 설명문을 주고 발표 원고로 바꾸라고 하면, 설명문 내용을 그대로 옮기거나 '오늘 설명할 직업은 교사이다'처럼 여전히 문어체로 작성하는 경우가 많다. 그래서 발표 원고를 쓰기 전에 반드시 작문 영역에서 작성한 '설명문'과 화법 영역에서 작성할 '발표 원고'의 차이점을 짚어 줘야 한다. '발표 원고'는 발표를 보조하는 도구이므로 청중과 발표 상황을 고려해 처음과 끝의 내용을 적절히 구성하고, 발표 형식에 맞는 어투를 사용하도록 지도했다.

지난번에는 〈설명하는 글쓰기〉 단원에서 배운 내용을 바탕으로 직업을 설명하기 위한 글을 작성했죠? 이번에 쓰는 글은 좀 달라요. '글을 쓰는 것'이 목적이 아니라 '발표하는 것'이 목적이거든요. 지금 쓰는 발표 원고를 활용해서 친구들 앞에서 발표해야 해요. 그렇다면 문장을 어떻게 끝맺어야 할까요? 설명문처럼 '~다'의 형태로 끝맺는 게 자연스러울까요? 아니죠. '~입니다' '~이에요' 같은 형태로 끝맺는 게 자연스럽겠죠? 이 점을 꼭 기억하며 써보세요.

발표 원고 작성이 끝난 후 앞서 교과서에서 학습한 것처럼 발표 의도에 맞는 매체 자료를 선정하게 했다. 사진, 도표, 그

림, 영상 등 발표에 필요한 다양한 매체 자료를 수집하고, 이
것들을 앞에서 제작한 카드뉴스에 포함해 발표 보조 자료가
되도록 편집하게 했다. 이때는 반드시 두 가지 이상의 매체 자
료를 활용하라고 안내했다.

여러분의 발표 내용과 목적에 맞는 적절한 유형의 매체 자료를
고르는 게 중요해요. 단순히 사진이나 도표, 그림, 영상 등을 찾는
것이 중요한 게 아니라, 내가 찾은 매체 자료가 내 발표 내용과
목적에 잘 맞는지 꼭 생각해봐야 해요. 특히 '목적'을 잘 고려해야
합니다. 예를 들어 여러분이 선택한 직업에 청중이 관심을
갖게 하는 게 목적이라면, 그 직업의 부정적인 점을 담은 매체
자료보다는 긍정적인 점을 보여주는 매체 자료를 선택하는 게
좋겠죠?

'낭독'이 아닌 '발표'를 하려면
[18~19차시] 시선, 제스처, 목소리 그리고 경청과 질문

아이들은 지금까지의 과정을 통해 발표할 내용을 풍부하게
마련했고, 개성이 담긴 매체 자료도 제작했다. 이제 남은 건

자신의 발표 내용과 카드뉴스를 다른 사람들 앞에서 뽐내는 것뿐이다. 18~19차시에는 발표 원고와 카드뉴스를 활용해 발표 수행평가를 진행했다. 이때도 수행평가를 시작하기 전에 반드시 학생들에게 '발표하는 방법'을 가르쳐줘야 한다.

앞에서 언급한 발표 원고의 구어체 형식과 비슷하게, 중학생들은 발표할 때 시선, 제스처, 목소리 등을 어떻게 해야 하는지 잘 알지 못하는 경우가 많다. 고등학생이나 성인은 여러 발표 장면을 접해왔기 때문에 '좋은 발표' '바람직한 발표'가 어떤 것인지 구체적으로 설명하지는 못하더라도 대략적으로는 안다. 하지만 중학생은 발표 장면을 본 경험이 많지 않고, 봤다고 하더라도 대부분 또래 친구들의 발표인 경우가 많다. '좋은' 또는 '바람직한' 발표의 본보기라 할 만한 장면을 거의 본 적이 없는 셈이다.

그래서 학생들에게 처음 발표를 시키면 어떻게 해야 할지 감을 못 잡고, 발표 원고에만 시선을 고정한 채 글을 그대로 읽어내려가는 경우가 많다. 사실 이건 발표가 아니라 낭독에 가깝다.

'어떻게 하면 학생들이 낭독이 아닌 진짜 발표를 할 수 있을까?'

고민 끝에, 나는 발표 수업 전에 바람직한 발표의 예시로 드라마°에 나온 한 프레젠테이션 장면을 보여줬다. 드라마의 주인공이 공모전에 참가해 자신의 사업을 심사위원들 앞에서 프레젠테이션하는 장면이었다. 주인공은 알맞은 어조와 목소리로 말하고, 중간중간 자연스러운 제스처도 활용했다. 또 발표 내용에 맞게 움직이는 매체 자료를 활용해 보는 이의 이목을 집중시켰다. 영상을 다 보여준 뒤 학생들에게 "지금 우리가 본 영상에서 발표자는 어떻게 발표하고 있었나요?"라고 묻자 학생들은 프레젠테이션 자료와 제스처 활용, 눈 맞춤 등 발표자의 바람직한 특징들을 잘 짚어냈다.

하지만 영상 속 발표와 실제 교실에서 이뤄지는 발표는 다르기에, 내가 직접 시범을 보여주기도 한다. 처음에는 학생들을 쳐다보지 않고 거의 들리지 않을 만큼 작은 목소리로 말하고, 그다음에는 학생들과 눈을 하나하나 맞추며 또렷하고 큰 목소리로 말한다. 그리고 다시 묻는다.

"방금 선생님이 보여준 두 가지 모습 중 어떤 게 바람직한 발표의 모습일까요? 언제 더 잘 들리고 집중이 됐나요?"

"눈을 마주치면서 크게 말씀하실 때요."

이렇게 이야기를 이어가다 보면 학생들은 청중과 '눈을 마

°〈스타트업〉, tvN

주치지 않는' 발표자보다 청중을 고루 바라보며 '눈을 마주치는' 발표자가, 발표 원고에만 시선을 고정하고 '가만히 서서 말하는' 발표자보다 필요한 부분에서는 적절히 '제스처를 활용하는' 발표자가 더 바람직하다는 것을 깨닫게 된다.

물론 바람직한 발표자의 모습을 아는 것과 그것을 실천하는 건 다른 문제다. 하지만 이렇게 미리 이야기하고 나면 학생들은 이전보다 청중의 눈을 더 보려고, 제스처를 더 사용하려고, 목소리를 더 크게 내려고 노력한다. 또 발표가 끝난 후 발표 태도 측면에서 개선이 필요한 점을 피드백해주면 대부분 금세 받아들인다.

발표 시간은 영상 시간을 제외하고 1분 30초 이상으로 정했으며, 앞서 설명한 비언어적 표현과 준언어적 표현도 적절히 사용해야 함을 강조했다. 발표자는 자신의 차례가 되면 교탁 앞으로 나와 패들렛에서 자신의 카드뉴스를 찾아 화면에 띄운 후 발표를 진행했다.

이때 학생들에게 발표를 잘하는 것만큼 발표를 잘 '듣는' 것도 중요하다고 안내했다. 많은 학생이 발표 수행평가를 본다고 하면, 자신의 발표 준비에만 집중하고 다른 사람의 발표를 듣는 데에는 신경을 쓰지 않는다. 어떤 학생은 멍하니 앉아 있거나, 심지어 엎드려 자기도 한다. 그래서 청중의 태도 역시 중요하다는 것을 인식시켜야 한다.

이를 위해 발표 수행평가 시간에는 청중의 위치에 있는 학생들에게 발표 평가표(171쪽 참조)를 작성하게 했다. 평가표는 학생들의 듣기 태도에 큰 영향을 미친다. 평가표를 작성하기 위해 자연스럽게 발표 내용에 집중하게 되기 때문이다. 친구의 발표 주제와 내용을 간단히 요약하고 발표 태도를 평가하는 정도의 간단한 평가표만 제공해도 학생들의 듣기 태도에는 확실히 변화가 나타난다. 나는 평가표 내용을 꼼꼼히 살피기보다는 성실히 작성했으면 잘 들었다고 판단해 점수를 줬다.

또 발표에 대한 집중도와 듣기 태도를 길러주기 위해 '지정 질문자'를 정했다. 지정 질문자는 출석 번호순으로 정해도 좋고, 뽑기 방식을 활용해 무작위로 정해도 된다. 단, 형평성과 다양한 직업 탐색을 위해 같은 직업을 조사한 학생들끼리는 지정 질문자가 되지 않도록 했다.

지정 질문자는 발표 평가표를 작성하면서 질문 하나를 준비해야 한다. 발표가 끝나면 자리에서 일어나 간단한 소감을 말하고 준비한 질문을 던진다. 질문 내용은 발표자가 해당 직업을 고른 이유, 직업에 대한 추가 정보, 발표자가 활용한 매체 자료 내용 등 다양하다. 발표자는 질문을 듣고 자신이 아는 범위 내에서 답한 후, 발표를 마무리한다.

많은 학생이 생각보다 잘 구성된 카드뉴스와 발표 원고를 만들었고, 발표도 성공적으로 해냈다. 학생들이 선정한 직업도 매우 다양했다. 특수 분장사, 조향사, 음향 기사 등 여러 분야의 직업 발표를 들을 수 있었다.

그중 가장 기억에 남는 건 '법의학자'에 대한 은서의 발표였다. 법의학자라는 직업은 나뿐 아니라 아이들에게도 다소 생소했기에, '왜 법의학자를 골랐을까?' 하는 궁금증이 생겼다. 의사, 약사 등을 조사한 학생은 있었지만, 법의학자를 선정한 학생은 은서가 유일했다. 발표 원고와 카드뉴스를 살펴보니 정의, 예시, 인과 등의 설명 방법을 적절히 활용해 법의학자를 잘 소개했고, 여러 사진과 그림, 그래프를 활용해 카드뉴스도 깔끔하게 완성했다.

실제 발표에서도 적절한 영상 자료와 제스처를 활용하며 법의학자를 조리 있게 설명했다.

죽어야 만날 수 있는 직업, 법의학자

시화나래중학교 2학년 최은서

최은서 학생이 제작한 '법의학자' 소개 카드뉴스

우리는 살아가면서 많은 직업을 보게 됩니다. 하지만 제가

오늘 소개할 직업은 평소에 쉽게 보기 어려운 직업입니다.

살아 있는 사람보다 죽은 사람을 더 많이 만나는 직업, 바로

'법의학자'인데요. 지금부터 법의학자에 대해 소개하겠습니다.

우선 법의학자란 '의학을 기초로 법률적으로 중요한 사실

관계를 연구, 해석 또는 감정 등을 하는 사람'을 말합니다. 쉽게 말해서 법에 어긋나는 사건과 관련된 의학적 사실을 연구하는 사람입니다. 살인 규명, 범행 시간 판정, 친자 검사, 사실 인정을 위한 증거 채집 등 사건을 해결할 때도 기여하고, 부검을 하기도 합니다.

이런 일을 수행하기 때문에, 법의학자에게는 꼭 필요한 몇 가지 적성이 있습니다. 먼저 사고 능력과 부담감 극복 능력이 필요하고, 사명감과 책임감도 필요합니다. 많은 양의 일을 해내기 위해 체력 관리도 필수이고, 시체를 계속 봐야 하므로 담력도 키워야 합니다. 또 의학 계열의 일이기 때문에 많은 공부가 필요한데요. 의학 지식뿐만 아니라 법 지식도 가지고 있어야 하므로 방대한 공부가 필요합니다.

법의학자는 매우 힘든 일을 수행하지만, 동시에 국가에 크게 기여하는 직업입니다. 특히 법적 피해자에게 중요한 도움을 줍니다. 이처럼 힘든 일을 수행하며 국가에 기여하는 법의학자에게 관심을 가져주시길 바랍니다. 이상으로 발표를 마치겠습니다. 감사합니다.

국어 교과는 '듣기·말하기, 읽기, 쓰기, 문법, 문학, 매체'의 여섯 가지 영역으로 구성되어 있지만, 이 영역들은 서로 긴밀하게 연결되어 있다. 글을 읽은 뒤 감상을 쓰기로 표현하고, 자신이 전하고 싶은 이야기를 글로 쓴 후 그 내용을 사람들 앞에서 말하기도 한다. 또 문법적 지식을 활용해 글을 읽고 쓰며, 매체를 이용해 다른 사람들과 소통하면서 듣고 말하기도 한다. 이처럼 국어의 여섯 가지 영역은 따로 떨어져 있는 것이 아니라 서로 연관성을 가지고 있다. 따라서 교과 수업에서도 이런 연관성을 바탕으로 영역을 융합한 수업이 필요하다.

이번 수업은 바로 그 생각에서 출발했다. 아이들이 무언가를 발표하려면 먼저 발표할 내용이 필요하고, 그다음에는 발표를 보조할 자료가 있어야 한다. 그렇다면 '쓰기' 영역에서 발표 내용을 마련해 체계적인 구조를 갖춘 글로 작성하고, '매체' 영역에서 발표 보조 자료를 만들어보게 할 수 있다.

이러한 '영역 융합 수업'의 중요성과 그 효과는 분명했다. 학생들은 '쓰기' 영역에서 쓴 설명문을 활용해 발표 원고를 작성함으로써 서론-본론-결론의 구조를 갖추고, 풍부한 내용과 자신의 생각이 잘 반영된 '말하기'를 할 수 있었다. 또 '매체' 영역에서 제작한 카드뉴스를 발표 보조 자료로 사용해 청중의 집중을 유도하고 메시지를 더 효과적으로 전달할 수 있었다. 청중은 발표에 더욱 몰입하며 다양한 직업 정보를 얻을 수 있었다. 이런 점에서 이번 수업을 '영역 융합 수업'으로 설계한 것은 매우 의미 있는 선택이었다.

마지막으로, 아이들은 내 생각보다 훨씬 빠르게 성장하고 더 큰 능력을 지니고 있다는 사실을 깨닫게 되었다. 처음에 카드뉴스 만들기를 안내할 때는 걱정이 정말 많았다. 이전에 태블릿을 활용한 수업에서 많은 학생이 기기 사용 자체를 어려워해 수업이 제대로 진행되지 않았던 경험이 있었기 때문이다. 그래서 태블릿으로 카드뉴스를 만들게 하고 싶었지만, 학생들이 너무 어려워한다면 도화지로 대체할 생각까지 하고 있었다. 수업을 시작하기 전, 나는 아이들에게 조심스럽게 물었다.

"우리 이제 카드뉴스 만들기를 할 건데, 태블릿으로 하는 게 너무 어렵다면 도화지로 만들어도 괜찮아요. 선생님이 도화지도 준비해줄 수 있어요. 어떻게 할까요?"

아이들은 예상 밖의 반응을 보였다.

"저희는 태블릿으로 만들래요."

"미리캔버스로 만들고 싶어요. 전에 써봐서 할 수 있어요."

"캔바로 만들게요. 종이보다 태블릿이 더 편할 거 같아요."

나는 당연히 종이를 고를 거라 생각했는데, 오히려 학생들이 먼저 태블릿을 선택했다. 그러고는 태블릿을 활용해 꿍장히 잘 구성된 카드뉴스를 만들어서 또 한 번 놀랐다.

발표할 때도 마찬가지였다. 나와 2년을 함께한 2학년 아이들은 국어 시간에 발표 활동을 해본 적이 없었다. 게다가 다른 수업 시간이나 학교 활동 시간에 발표하는 모습을 보며 충격을 받았던지라 발표 수행평가를 앞두고 걱정이 컸다. 하지만 발표 준비 과정에서 아이들은 영상 자료를 보며 발표자의 특징을 관찰하고, 나와 함께 '좋은 발표란 무엇인가'에 대해 이야기를 나누며 스스로 연습했다. 또 친구들의 발표를 지켜보며 실력이 눈에 띄게 성장했다. 발표 원고를 스크립트 형식으로 만들어도 된다고 안내했음에도, 내용을 전부 외워서 발표한 학생도 있었다.

특히 기억에 남는 학생이 있다. 이주 배경 학생이라 한국말이 서툰데도 생성형 인공지능을 활용해 번역한 원고를 빽빽하게 적어와 열심히 발표한 아이다. 내가 근무하는 학교는 이주 배경 학생이 많은 지역에 있다. 이 학생은 러시아어를 사용하며, 한국에 온 지 얼마 되지 않아 교과 수업에서 사용하는 단어나 문장을 이해하는 데에는 어려움이 많다. 그렇지만 학습에 대한 열의가 있어 수업이 끝난 뒤 질문하기도 하고, 스마트폰을 활용해 번역하면서 수업을 듣는다(이 학생에게는 예외적으로 수업 시간에 스마트폰을 사용할 수 있도록 허락했다). 이번 수행평가를 앞두고는 미리 구체적으로 질문한 뒤, 러시아어로 자신의 생각을 정리하고 생성형 인공지능을 활용해 번역한 내용을 공부해왔다. 발표 역시 유창하지는 않았지만, 자신이 작성한 발표 원고를 읽으며 정성껏 만든 카드뉴스를 열심히 소개했다.

아이들을 믿기로 했다

우리 학교에는 '학생 주도 프로젝트'라고 해서, 한 달에 한 번 점심시간에 도서관 앞 이야기 광장에 모여 학생들이 끼를 뽐낼 수 있는 프로그램이 있다. 아이들은 저마다 관심 있는 주제를 조사해 발표하기도 하고, 자신이 만든 미술 작품이나 과학 발명품을 소개하기도 하며, 노래를 부르기도 한다.

이 수업을 처음 계획할 때 '아이들이 직접 만든 카드뉴스를 활용해 많은 사람 앞에서 발표하면 정말 좋겠다'라고 생각했다. 매체 자료를 띄워놓고 자신의 진로를 발표하면 발표하는 아이들은 진로 동기를 더 키울 수 있고, 발표를 듣는 아이들도 다양한 진로를 탐색하는 시간을 가질 수 있기 때문이다. 하지만 지필평가 일정과 진도에 쫓겨 결국 '학생 주도 프로젝트'까지는 진행하지 못했다. 발표에서 더 많은 청중과 더 넓은 무대는 아이들에게 좋은 자극이자 기회인데 아쉬웠다. 다음에는 꼭 아이들에게 더 많은 청중과 더 넓은 무대를 경험할 기회를 주고 싶다.

발표 수행평가를 한다고 했을 때, 대부분 아이가 "발표 어려워요" "저는 발표 못 해요" "너무 걱정돼요" 같은 반응을 보였다. 다른 사람들 앞에서 자신의 이야기를 해야 한다는 사실에 지레 겁부터 먹었다. 하지만 내 예상보다 훨씬 뛰어난 결과를 만들어낸 아이들을 보며, 아이들의 가능성을 다시 한번 깨닫게 되었다. 동시에 나의 교육 철학도 되새기게 되었다.

저는 학생 한 명 한 명의 개성을 존중하며, 아이들이 자신의 개성과 잠재력을 꽃피울 수 있도록 돕는 교육을 하고 싶습니다. 제 수업 속에서 학생들이 자신의 가치를 발견하고, 그 가치를 더욱 갈고닦을 수 있도록 돕는 교사가 되겠습니다.

임용 시험을 준비할 때 항상 이야기했던 나의 교육 철학이다. '아이들의 개성을 꽃피울 수 있게 하는 교사'가 되고 싶었고, 여전히 되고 싶다. 이번 수업에서 아이들이 저마다의 꿈을 주제로, 각자의 개성이 담긴 카드뉴스를 만들고 발표하는 모습을 보며 깨달았다. 모든 아이는 각자의 개성을 지니고 있으며, 아이들의 잠재력은 내가 생각했던 것보다 훨씬 더 크고 무궁무진하다는 사실을. 그리고 다짐했다. 아이들의 잠재력을 믿어주는 교사가 되자. 아이들이 자신의 개성을 마음껏 발휘할 수 있는 수업을 만들자.

어쩌면 수업을 시작하기 전에 지레 겁부터 먹은 것은 아이들이 아니라 나였을지도 모른다.

1. 직업 선정 학습지(3~4차시)

✦ 자신이 생각하는 '직업을 선택할 때 고려해야 하는 가장 중요한 가치'는 무엇인가요? 중요하다고 생각하는 순서대로 순위를 매겨보세요.

가치	설명	순위
능력 발휘	직업을 통해 자신의 능력을 발휘하는 것	
자율성	일하는 시간과 방식을 스스로 결정할 수 있는 것	
보수	직업을 통해 많은 돈을 버는 것	
안정성	한 직장에서 오래 일할 수 있는 것	
사회적 인정	내가 한 일을 다른 사람에게 인정받는 것	
사회봉사	다른 사람들에게 도움이 되는 일을 하는 것	
자기 계발	직업을 통해 더 배우고 발전할 기회가 있는 것	
창의성	스스로 아이디어를 내어 새로운 일을 해보는 것	

(출처: 커리어넷, 직업 가치관 검사)

✦ 나의 '직업 가치관'은 무엇인가요? 왜 그 가치를 1등으로 선정했나요?

제가 가장 중요하게 생각하는 직업 가치관은 ＿＿＿＿＿＿＿ 입니다.

왜냐하면, ＿＿＿＿＿＿＿＿＿＿＿＿＿＿＿＿＿＿＿＿＿＿＿＿＿＿

＿＿＿＿＿＿＿＿＿＿＿＿＿＿＿＿＿＿＿＿＿＿＿＿＿＿＿＿＿＿＿

✦ 위에서 고른 직업 가치관을 바탕으로, 직업 카드를 살펴보며 자신이 소개할 직업 한 가지를 정해봅시다.

제가 선정한 직업은 ＿＿＿＿＿＿＿＿＿입니다.

왜냐하면, ＿＿＿＿＿＿＿＿＿＿＿＿＿＿＿＿＿＿＿

＿＿＿＿＿＿＿＿＿＿＿＿＿＿＿＿＿＿＿＿＿＿＿＿

＿＿＿＿＿＿＿＿＿＿＿＿＿＿＿＿＿＿＿＿＿＿＿＿

✦ 자신이 선정한 직업에 대해 조사한 내용을 적어봅시다.

직업명			
하는 일		필요한 능력 및 적성	
필요한 학과 및 자격		근무 환경	
힘든 점		미래 전망	

2. 직업 소개 설명문 수행평가지(5~6차시)

주제(설명 대상) 정하기

주제 (설명 대상)	
주제 선정 이유	

자료 수집(출처)

순번	자료 유형 (기사문, 사진, 영상 등)	자료 내용	출처

조건	• 제목 작성(주제와 관련 있는 문장 형식으로 작성할 것) • 설명 방법이 사용된 부분에 형광펜, 색연필 등으로 밑줄을 긋고, 설명 방법과 타당한 이유를 작성할 것(**설명 방법은 종류가 다른 것으로 3가지 이상, 이유는 구체적으로 작성할 것**) • 분량: **처음 5줄 이상, 중간 15줄 이상, 끝 5줄 이상** • **고쳐쓰기를 할 때는 수정 테이프 대신 반드시 '교정 부호'를 사용할 것(띄어쓰기나 맞춤법에 맞게 작성할 것)**

제목:

처음	설명 방법 이유 작성
	5
중간	

끝

15

5

3. 카드뉴스 의도 설명과 평가 수행평가지(12~13차시)

의도 설명

자신이 만든 카드뉴스의 내용 설명하기(각 1줄 이상, 최소 4면, 최대 6면)
1면:
2면:
3면:
4면:
5면:
6면:

카드뉴스에 담긴 표현 방법 설명하기(3면 이상 선정)

___ 면:

___ 면:

___ 면:

___ 면:

위의 표현 방법을 사용한 의도 서술하기(5줄 이상)

5

학생이 제작한 카드뉴스의 내용 설명하기(5줄 이상)

5

카드뉴스에 담긴 표현 방법과 의도 파악하기(3면 이상 선정)

___ 면:

___ 면:

___ 면:

___ 면:

위에 작성한 표현 방법 및 의도의 적절성 평가하기(각 2줄 이상)

1. 해당 카드뉴스의 목적 및 의도:

2. 위 표현 방법의 적절성 평가:

4. 발표 평가표(18~19차시)

(1) 친구의 발표를 듣고, 발표 내용을 요약해 적는다.

(2) 친구가 활용한 **매체 자료의 유형**을 적고, 발표 의도와 내용을 바탕으로 **매체 자료가 적절하게 사용되었는지** 평가해 쓴다. (사용된 매체 자료가 3개 이상일 경우, 2개만 골라 작성)

(3) 발표 내용, 매체 자료 활용, 발표 태도를 각각 **5점 만점**으로 평가한다.

발표 평가하기

순서	발표자	직업명	발표 내용	매체 자료 유형 및 적절성(3개 이상일 경우, 2개만 작성)	나의 평점	
1					내용	☆☆☆☆☆
					매체	☆☆☆☆☆
					태도	☆☆☆☆☆
2					내용	☆☆☆☆☆
					매체	☆☆☆☆☆
					태도	☆☆☆☆☆
3					내용	☆☆☆☆☆
					매체	☆☆☆☆☆
					태도	☆☆☆☆☆

'재미있고 부담 없는' 발표하기

모둠전傳으로 맛있게 즐기는 고전소설 스토리텔링

이연화

모둠전傳으로
맛있게 즐기는 고전소설 스토리텔링

"우수 학생도 시달리다 자퇴"° "밤새다 쓰러지는 수행 지옥"°
같은 표제만 봐도 알 수 있듯, 지금 교육계에서 수행평가는 그
야말로 뜨거운 감자다.

　실제로 고등학교에서는 수행평가가 정말 많다. 그 유형 중
에서도 가장 많은 것은 '보고서 작성'과 '발표'가 아닐까 싶다.
듣기·말하기 역량이 다양한 성취기준과 연관된 국어 교과뿐
아니라 다른 교과에서도 마찬가지다. 국어과는 말하기 역량을
평가하기 위해 가장 쉽고 간단한 방법으로 '교탁 앞에서 하는
대중 발표'를 선호하는 경우가 많다. 토론, 대화, 면담 등은 수

° 《중앙일보》, 2025. 7. 22.

° 〈MBC 뉴스〉, 2025. 7. 2.

업 구성이 어렵고 평가로 이어지는 데 부담이 있기 때문이다. 실제로 나와 함께 근무했던 교사들은 학생들에게 자료를 수집·선별하게 하고 조직·구성해 제한된 시간 안에 발표하게 하는 방식을 가장 선호했다. 그러다 보니 자연스레 이런 방식의 수행평가 수가 많아졌다.

내가 근무했던 고등학교에서는 거의 모든 과목에서 발표 수행평가가 있었다. 한 과목에 교사 여러 명이 들어가는 경우, 교사 각자가 발표 수행평가를 진행하기 때문에 어떤 학기에는 한 학생이 준비해야 하는 발표만 15개 이상 되기도 했다. 이뿐 아니라 학급 프로젝트나 동아리 활동에서도 발표가 이어진다. 그러다 보니 발표를 좋아하는 학생조차 "이제는 발표 좀 그만했으면 좋겠어요"라고 말할 정도였다.

소규모 발표는 학생들의 이런 토로에서 시작되었다. 대중 발표의 부담은 덜어주고, 발표자와 청중 모두 재미있어야 한다고 생각했다. 그 해결책으로 떠올린 것이 바로 스토리텔링이었다.

고전소설을 선택한 이유는 다음과 같다. 당시 나는 문학 영역 중 고전소설과 현대소설을 담당하고 있었다. 고전소설은 현대소설보다 '기승전결'이 분명하고 서사 구조가 뚜렷해 이야기로 풀어내기 쉽다. 듣는 사람들도 이야기의 흐름을 쉽게

단계		차시	수업 내용	비고
전	준비	1차시	작품 정하기	
중	1단계	2~4차시	작품 읽기	개인 활동
	2단계	5차시	스토리텔링 아이디어 생성하기	같은 책을 읽은 친구들과 모둠 활동
	3단계	6~7차시	포트폴리오 작성하기	개인 활동
	4단계	8~9차시	스토리텔링 구성 조직 및 PPT 제작하기	같은 책을 읽은 친구들과 모둠 활동
	5단계	10차시	스토리텔링 발표하기	다른 책을 읽은 친구들과 모둠 활동
	6단계	11차시	최종 글쓰기	개인 활동
후	정리	12차시	전체 피드백 및 수업 마무리	

따라갈 수 있다. 또 등장인물의 선악 구분이 뚜렷하고, 사건의 발단과 전개에서 인물의 행동 동기가 명확하게 제시된다. 그래서 인물의 캐릭터를 살려 이야기하기 좋고 감정 이입도 쉽다. 이뿐만 아니라 반복적이고 상징적인 요소가 많아 이야기를 기억하고 전달하기에도 유리하다.

무엇보다 고전소설은 뿌리가 구비문학이어서 구술성이 강하다. 그래서 자연스럽고 생동감 있게 말로 풀어낼 수 있다.

학생들에게는 오히려 색다른 이야기로 들릴 수 있고, 이 낯선 매력이 스토리텔링을 할 때 흥미를 끌 수 있는 요소가 되리라고 봤다. 이렇게 '우리 고전'을 '말하게 하는' 스토리텔링 수업을 계획했다.

실제 수업 구상을 고민하다 보니 한 예능 프로그램이 떠올랐다. 요즘은 TV나 유튜브에서 '이야기'를 바탕으로 기획된 프로그램을 흔히 만날 수 있다. 그 방식을 차용해 교탁 대신 테이블에서 소소하게 이야기 나누는 방식의 평가를 생각하게 되었다.

스토리텔링, 초면이 아니야

새로운 방식의 활동을 시작할 때는 아이들이 그 활동을 머릿속에 그릴 수 있어야 한다. 그래서 먼저 '스토리텔링'이 무엇인지 알려줬다.

스토리텔링은 말 그대로 '스토리(말할 내용)'를 '텔링(말하는 것)'하는 것이다. 나는 학생들에게 '스토리'는 '무엇을'에 해당하고, '텔링'은 '어떻게'에 해당한다고 설명했다. 그런 후 이 활동에서는 '스토리'가 우리 고전이고, 각자 읽은 작품을 어떻게 친구들에게 말해주느냐가 핵심이라고 이야기했다. 말하는 사람만큼이나 듣는 사람의 반응도 중요하다고 덧붙였다. 스토리텔링은 현장성과 상호 작용성이 중요하기 때문이다.

같은 이야기도 누가 말하느냐에 따라 되게 다르다고 느낀 적 많죠? 같은 사건을 경험한 A와 B가 각각 이야기를 전달할 때, A가 말하면 좀 지루한데 B가 말하면 훨씬 재미있게 들릴 때가 있어요. 또 어떤 사람의 목소리로 들으면 더 진짜 같고 집중이 잘 되기도 하고요. 다들 그런 경험이 있을 것입니다.

예를 들어볼까요? 저녁에 특이한 일을 겪어서 '내일 학교 가서 친구한테 이야기해야지' 하고 생각했어요. SNS로 이야기해도 되지만, 꼭 말로 하고 싶을 때가 있잖아요. 그래서 다음 날 학교에 가서 친구한테 이야기하려고 해요. 이럴 때 여러분은 그 일을 겪은 상황을 전부 다 이야기하나요? 그렇지 않죠. 중요하다고 생각하는 건 이야기하고, 그렇지 않은 건 이야기하지 않겠죠. 또 어떤 순서로 이야기할지도 생각해볼 거예요. 두서없이 막 이야기할 수도 있지만, 친구를 깜짝 놀라게 하고 싶어서 일부러 밑밥을 깔 때도 있잖아요. 아니면 처음부터 제일 중요한 걸 먼저 말하고, 어떻게 된 건지 차근차근 풀어내기도 하죠.

이럴 때 전달 효과를 높이고 싶으면 여러 전략을 씁니다. 목소리

	스토리	텔링
의미	읽은 내용 중 친구들에게 들려줄 내용(story)	현장성(-ing)을 살리는 말하기 방식과 전략(tell-)
구체적인 내용	• 등장인물(감정, 동기 등) • 상황과 맥락(배경, 시대상 등) • 사건(갈등, 이야기의 전환점 등) • 스토리텔러의 시선과 감정 (자신의 해석)	• 이야기의 구성과 조직 • 비언어적·준언어적 표현의 적절한 구사 • 다양한 감각(시각, 청각, 촉각 등) 활용 • 청자와의 상호 작용 • 흥미 요소(말맛, 유머 등)

크기를 조절한다든가, 증거가 될 만한 사진을 보여준다든가, 표정을 바꾼다든가, 둘만 있는 공간에서 집중할 수 있게 이야기하기도 하죠.

또 하나 중요한 게 있어요. 바로 상대방의 반응입니다. 반응에 따라 여러분이 말하는 내용이나 순서 등이 바뀌기도 하거든요. 이 모든 게 스토리텔링입니다.

정리해보면 위의 표와 같다.

예능 프로그램처럼 말하면 돼

말하기 방식과 전략 눈치채기

스토리텔링이 무엇인지 열심히 설명했지만, 몇몇 학생의 표정과 반응이 심상치 않다. 말하기 방식이나 전략에 대한 그림이 잘 안 그려지는 모양이다. 이럴 때는 더 길게 설명할 것 없이 좋은 참고 자료를 직접 보여주면 된다.

나는 '세 명의 이야기꾼이 스스로 공부하며 느낀 바를 각자의 이야기 친구에게, 가장 일상적인 공간에서 일대일로 전달하는 방식의 프로그램'이라고 설명하는 예능 프로그램°의 한 회차를 보여줬다. 수행평가 제목도 이 프로그램 제목을 차용해 '꼬리에 꼬리를 무는 고전소설 이야기'로 정했다. 이 프로그램을 아는 학생들은 수행평가 제목만 듣고도 어떻게 진행하는지 금세 감을 잡았다.

이 프로그램을 모르는 학생들을 고려해 한 회차를 함께 감상했다. 아이들 또래인 17세 김주열 열사의 이야기를 다룬 회차였다. 스토리텔러들이 이야기를 어떻게 끌고 가는지, 소품이나 세트를 어떻게 활용하는지, 내용 외에 청자가 다양한 감

°〈꼬리에 꼬리를 무는 그날 이야기〉, SBS

각으로 이야기를 느낄 수 있게 하는 방법에는 어떤 것들이 있는지 등을 짚어줬다. 학생들은 김주열 열사의 이야기에 굉장히 몰입했다. 김주열 열사의 실종에서 시작해 그의 흔적을 찾아가는 구성으로 이야기를 전달했고, 학생들이 한국사 시간에 배운 역사적 사건과 연결되어 배경지식도 있었고, 스토리텔러가 이야기의 강약을 조절하며 청자와 이른바 밀당을 잘했기 때문이다. 이 회차를 보고 나면 학생들은 어떻게 해야 하는지 대부분 이해한다.

이제는 학생들이 몇 가지를 질문한다.

"몇 차시 동안 해요?"

"나와서 발표하는 건가요?"

"발표는 몇 분 동안 하는 거예요?"

"다 외워서 해야 되나요?"

"발표하면서 소품이나 PPT를 사용해도 돼요?"

총 10차시 정도에 걸쳐 진행되고, 시간을 충분히 확보해야 하므로 1~2차시는 늘어날 수 있으며, 발표는 한 명당 10분이고, 모둠을 만들어 한 테이블에 네 명씩 앉아 돌아가면서 발표한다고 답한 후 스토리텔링 형식을 다시 정리해준다.

발표는 학급 전체가 다 해도 한 시간이면 끝나요. 테이블당 네 명이 기본이지만 세 명이 될 수도 있죠. 10분 동안 자신이 읽은 소설에 대해 이야기합니다. 네 명이 한 모둠이면 총 40분이 걸리겠죠? 그게 발표의 끝입니다. 그러니까 여러분은 최대 세 명의 이야기를 듣게 되는 거죠.

여러분이 읽은 소설의 내용을 테이블에서 이야기로 들려주는 것이니 대본은 필요 없어요. 여러분이 친구한테 어떤 사건을 이야기할 때 대본을 보고 말하지는 않잖아요? 똑같습니다. 발표 전까지 10시간 정도 준비하다 보면 이야기의 내용을 자연스럽게 익히게 될 거예요. 이야기하는 동안 간단한 보조 자료를 사용해도 되고, 소품을 준비해도 되죠.

여러분의 이야기를 잘 전달할 수 있는 방법이 무엇인지 고민하는 것이 가장 중요합니다. 10분 내내 청자의 집중을 끌어내는 게 중요해요. 그리고 여러분에게는 가장 중요한 정보일 수 있는데, 발표는 채점하지 않습니다.

스토리텔링을 위한 활동이지만 말하기는 점수에 반영하지 않고 발표 준비를 위해 작성한 포트폴리오만 채점한다고 안내하면, 학생들은 처음에는 놀라지만 곧 안심한다. 발표를 평가하지 않기 때문에 자유롭고 창의적으로 생각하고, 준비 과정에 더 힘을 쏟는다.

사실 이 발표는 현실적으로 변별을 위한 채점을 할 수 없다. 다수의 모둠이 동시에 이야기하면, 교사가 학생들이 준비한 발표 전부를 관찰할 수 없기 때문이다. 이 수업이 '문학' 교과에서 이뤄졌기 때문에 스토리텔링을 평가하지 않는 것이 가능했다.

이후 미리 준비한 수행평가 학습지(214쪽 참조)를 학생들에게 나눠준다. 채점 기준과 배점을 읽게 한 후, 각 차시에 작성해야 하는 포트폴리오 내용과 분량을 확인시켜주면 준비 과정은 끝이다.

이야기할 고전소설, 직접 골라봐!

[1차시] 책과의 첫 만남, 취향껏 스스로

학생들이 고전소설을 어려워하는 이유 중 하나는 작품에 쓰인 어휘가 생소하기 때문이다. 학생들이 굳이 원문에 가까운 옛말을 해석하며 읽을 필요는 없다. 작품의 재미를 함께 느끼고, 고전에 담긴 의미를 현대에 되새기는 것이 중요하다고 생각하기 때문이다. 이야기가 재미있다고 느껴야 스토리텔러 역할에도 몰두할 수 있다.

이런 이유로 학생들에게 제시한 고전소설 도서는 '국어 시간에 고전 읽기(휴머니스트)' 시리즈다. 이 시리즈는 20권 이상 출간되었기 때문에 학생들이 읽고 싶은 책을 고를 수 있다. 이 중 분량이 적절하고, 주제가 다양하며, 모의고사에 출제된 작품을 기준으로 12권을 선정해 각 3권씩 도서관에 비치했다. 도서관 테이블은 작품별로 간격을 둬서 널찍하게 배치한 뒤 학생들을 도서관으로 불렀다. 12권 중 이미 읽은 작품이 있는 학생은 거의 없었다. 내용을 스포일링하지 않는 선에서 각 작품의 주제를 드러내는 단어와 장르 정도만 해시태그 형식으로 간단히 설명한 뒤, 학생들이 자유롭게 책을 훑어볼 수 있도록 시간을 20분 정도 충분히 줬다.

20분 후, 학생들을 읽고 싶은 책이 있는 테이블 앞에 서게 했다. 몇몇 테이블에는 학생들이 바글바글 몰려들었다.

"선생님, 저희는 어떻게 해요?"

"세 명 이하가 선택한 책이 있는 테이블 친구들은 확정입니다. 그 자리에 앉으면 돼요.《운영전》과《최척전》은 인기가 많네요? 각 세 권씩만 있으니, 가장 공평하게 가위바위보로 결정해요. 가위바위보에서 진 사람은 아직 자리가 남은 다른 소설 테이블에 가서 앉으면 됩니다."

한 작품당 권수가 정해져 있고, 다양한 작품을 읽고 공유하는 것이 이 활동의 목적이다. 그래서 모든 학생이 원하는 책을 선택할 수는 없지만, 차선으로라도 스스로 선택한 책을 읽게 했다. 작은 것이라도 학생이 직접 선택하게 하면, 활동 과정에서 나오는 불평을 줄일 수 있다.

가장 두꺼워서 아무도 고르지 않을 것이라고 예상했던 《구운몽》은 의외로 각 반에서 세 명씩 꽉 차게 선택했다. '제목을 하도 많이 들어봐서 한 번쯤은 읽어야겠다고 생각했다'는 것이 이유였다. 책을 선택하는 기호는 반마다 조금씩 달랐다. 그래서 어떤 학급에서는 아무도 선택하지 않았던 책이 다른 학급에서는 선택이 몰리는 책이 되기도 했다.

충분히, 때론 천천히 책 읽기

[2~4차시] 40분 읽고 10분 쓰기 세 번이면 누구나 완독

도서관의 협조를 받아 수업은 대부분 도서관에서 진행했다. 도서관 사용이 불가능한 날에는 교과 교실에 갔다. 책 읽기가 시작되는 차시부터는 쉬는 시간에 제대로 쉬지 못했다. 3차시 안에 책을 완독해야 했고, 무엇보다 학생들에게 책 읽는 시간을 충분히 주고 싶었기 때문이다.

많은 교사가 어떤 형태로든 독서 활동을 과제로 부여한다. 하지만 이는 수행평가의 취지나 원칙에 맞지 않고, 학생들에게도 부담을 준다. 평가 대상이 되는 활동의 가짓수를 줄이더라도 독서 활동만큼은 수업 시간 내에 이뤄져야 한다. 또 책 읽는 속도가 느린 학생들도 안정감 있게 읽을 수 있도록 시간을 줘야 한다.

아이들이 도서관에 도착하자마자 책을 읽을 수 있도록, 쉬는 시간에 그 학급 학생들이 고른 책을 미리 책상 위에 올려놨다. 활동지도 책과 함께 뒀다. 이렇게 하면 활동지를 나눠주는 시간, 학생들이 책을 가져가는 시간 등 수업 도입 시간을 줄일 수 있다.

책을 고른 다음 시간부터는 소설 읽기에 집중한다. 학생들은 책을 읽으며 그날 읽은 줄거리만 간단히 기록하면 된다. 50분 수업 중 40분이 지나면 "10분 남았어요"라고 공지한 후 기록 시간을 줬다.

3차시에 걸친 독서 시간에는 학생들에게 따로 안내할 것이 없다. 인사 후, 해당 차시에 작성해야 하는 활동지의 페이지만 알려주면 된다. 그래서 학생들은 수업 시간 내내 독서에 집중할 수 있다. 쉬는 시간에 이미 세팅을 마쳐놨기 때문에 학생들이 미리 와서 책을 읽어도 되고, 수업이 끝난 후 더 읽다가 가도 된다고 했다. 그래서 2차시 만에 완독한 학생이 꽤 있었고, 3차시가 끝날 때까지 다 읽지 못한 학생은 한 명도 없었다.

분량이 적은 《임경업전》《이춘풍전》《운영전》을 선택한 학생들은 1차시 만에 다 읽기도 했다. 이런 학생들은 그날 작성해야 하는 독서일지를 쓰지 않고 독서에만 50분을 다 썼다. 그래서 2차시에 독서일지를 작성하게 하고, 다른 책을 읽게 했다. 도서관에서 수업했기 때문에 읽을 책은 얼마든지 있었고, 자신이 가져온 책을 읽어도 된다고 했다. 대부분 학생은 다른 과목 평가 등으로 읽어야 할 책이 늘 있었다. 그래서 학생들은 자신이 읽어야 할 책을 다 읽고도 조용히 다른 책을 꺼내 읽었다.

모둠 대화 속에서 발견한 '내 고전'의 매력은?

[5차시] 평가 부담 없이 나누는 자유로운 이야기

책을 모두 읽은 후에는 같은 책을 읽은 학생들끼리 모둠을 이뤄 대화를 나눈다. 책을 읽으면서 궁금했던 점이나 인상적이었던 부분 등에 대해 자유롭게 이야기하고 그 내용을 적게 했다. 이어서 모둠 대화를 바탕으로 각자 자신이 읽은 소설의 강점 세 가지를 정리하게 했다.

이번 차시에는 소설의 강점 세 가지를 적어 포트폴리오 한 페이지를 채워야 하지만, 이 페이지는 '평가하지 않는 페이지'다. 모둠 대화를 기록하는 부분인데, 평가를 이유로 학생들에게 대화를 일일이 기록하게 하면 대화보다 기록에만 집중할 수 있기 때문이다. 이 활동의 목적은 이야기가 휘발되지 않게 하고, 상대방의 말에 집중하고 있다는 느낌을 줄 수 있도록 간단히 메모하는 것이다. 따라서 음성 녹음을 할 필요도 없다.

"평가하지 않을 거라면 이런 페이지는 없어도 되는 거 아닌가요?"

이런 질문을 받을 수도 있다. 하지만 메모하면서 들으면 친구의 이야기에 더 집중하게 되고, 대화 내용 중 의미 있거나 떠오르는 아이디어를 적어둘 수 있기 때문에 꼭 필요하다고 생각했다.

학생들이 이야기를 나누는 동안에는 계속 모둠 사이를 돌아다닌다. 하지만 되도록 모둠에 깊이 끼어들지 않는다. 그 시간에 학생들이 한 활동은 대화로 찾은 소설의 강점 세 가지를 정리한 표만으로도 충분히 확인할 수 있다. 또 교사의 도움이 필요하면 아이들이 직접 부르기 때문에 그 외에는 편안하게 이야기하며 다양한 생각을 공유하도록 했다. 자연스러운 분위기 속에서 모든 학생이 사회자 역할을 맡아 진행한다.

"각자 생각하는 강점을 돌아가면서 이야기해보자."

"나부터 말할게. 솔직히 《최척전》은 실화라는 게 가장 큰 강점인 것 같아. 이건 꼭 강조해야 할 듯. 넌 어떻게 생각해?"

"맞아. 그리고 배경이 동아시아 전체에 걸쳐 있다는 것도 강점인 거 같아. 고전소설인데도 스케일이 크잖아. 아마 다른 소설들은 배경이 조선이나 중국에 머물러 있지 않을까?"

"그럴 것 같아. 일단 써놓고 나중에 찾아보자. 나머지 하나는 뭐로 하지?"

"옥영이 적극적인 여성상이니까 그 점을 강조하는 것도 괜찮을 거 같아."

"오, 그게 좋겠다. 사건, 배경, 인물로 균형도 딱 맞네. 이제 학습지에 정리해보자."

학생들은 대체로 이 시간을 즐겁게 보낸다. 이야기 나눠야 하는 주제만 있을 뿐 써야 하는 것도 딱히 없고, 교사가 채점도 하지 않는 시간이다. 그래서 책 내용에 대해 편하게 말할 수 있고, 이 차시에 해야 하는 활동도 부담 없이 마무리해 제출할 수 있다.

너만의 '스토리 레시피'를 보여줘

[6~7차시] 발표를 위한 아이디어 찾기

이제는 1~5차시에서 독서와 대화 과정을 통해 모은 이야깃거리를 정리할 시간이다. 발표를 평가하지 않기 때문에 평가의 관점에서 보면 작품 내용 정리가 채점의 주된 부분이다. 두 페이지에 걸쳐 일곱 개의 항목이 있고, 모든 항목에 답해야 하므로 두 시간도 부족하다는 학생들이 있다. 하지만 이미 긴 호흡의 평가였기에 한 차시를 더 늘리는 것은 부담이었고, 실제로 한 차시나 더 필요하지는 않을 것 같았다. 그래서 시간이 부족하다고 생각하는 학생들은 쉬는 시간을 앞뒤로 활용하게 했다. 다행히 학생들은 추가 시간을 이용해 7차시 내에 모두 학습지를 완성했다.

이전 차시에서 이야깃거리가 꽤 모여 명장면·명대사를 적는 문항이나 인물의 대응 방식, 소설의 주제 의식, 읽은 후 깨달은 점을 적는 것에는 어려움이 없어 보였다. 다만 이야기를 이해하는 데 필요한 배경지식이나 발표 전략을 적는 문항에는 꽤 많은 시간을 들였다. 청자에게 고전 내용을 재미있고 풍부하게 전달하려면 '어떻게, 어디까지' 이야기할지 고민해야 하기도 하고, 그 내용을 바탕으로 다음 차시의 모둠 활동에서 말하기 전략을 세워야 하기 때문이다.

이 수행평가를 처음 시작했을 때는 '이 작품을 이야기하기 위해 필요한 배경지식'을 적는 5번 문항(219쪽 참조)을 제외하고는 인터넷을 사용하지 않도록 했다. 마침 '국어 시간에 고전 읽기' 시리즈에는 학생들이 궁금해할 만한 배경지식이 책 속에 친절하게 설명되어 있어 인터넷을 굳이 사용하지 않아도 5번 문항을 작성할 수 있었다.

사실 교사는 학생들이 인터넷을 사용할 때 5번 문항을 작성하려고 하는 것인지, 다른 항목을 작성하려고 하는 것인지 구분하기 어렵다. 1번 문항부터 순서대로 작성하게 하고 5번을 쓸 때만 나와서 인터넷 기기를 가져가는 방법도 있겠지만, 이는 학생과 교사 모두에게 너무 번거롭다. 또 문항이 위계적으로 구성된 것도 아니므로 굳이 1번부터 순서대로 작성할 필요도 없다. 그래서 이후에는 인터넷을 사용하지 않도록 안내했다.

6번 문항은 인물 관계도를 그리는 수행 과제인데, 쉬어가는 느낌으로 그림을 그리고 색을 칠해도 된다고 했다. 글쓰기를 어려워하거나 소설 내용을 다시 정리해보고 싶어 하는 학생들은 보통 6번 문항을 먼저 하면서 흥미를 끌어올리거나 내용을 상기했다.

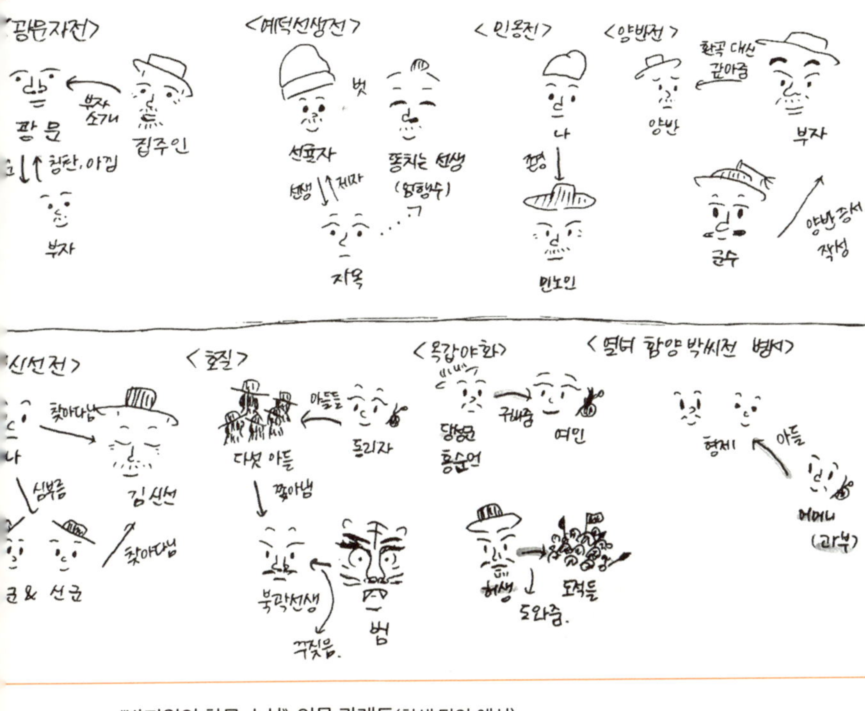

《박지원의 한문 소설》 인물 관계도(학생 답안 예시)

  이 차시에서 아이들이 가장 많이 물은 것은《박지원의 한문
소설》의 인물 관계도를 그리는 법이었다. 이 책에는 여덟 편
의 작품이 수록되어 있고, 각 작품의 등장인물 수가 적기 때문
에 네 편 이상의 인물 관계도를 그려보라고 했다. 그림을 그리
고 색을 칠해도 된다고는 했지만, 그것은 답안의 완성도를 높

이기 위해서가 아니라 쓰는 게 힘든 학생들이 집중할 만한 과제를 주고 싶어서였다. 그래서 그림이나 채색 여부는 점수에 전혀 반영하지 않는다고 안내했다.

채점 부담 없이, 전략은 자유롭게
[8~9차시] 경쟁 대신 공유로 키우는 스토리텔링 전략

개인 학습지 작성이 끝나면 다시 모둠 대화 시간이 시작된다. 이 두 시간 동안 학생들이 해야 하는 활동은 두 가지다. 보조 자료가 필요하면 제작하고, '텔링' 전략을 세우는 것이다.

스토리텔링은 흔히 '강(청자를 사로잡을 수 있는 내용을 먼저 제시, 일명 떡밥 던지기)-약(사건의 발단 및 전개)-중(사건의 위기 및 절정)-강(떡밥 회수, 사건의 결말 및 시사점, 여운)'의 흐름으로 구성된다. 대부분 고전소설은 순행적 구성을 보이기 때문에 이야기를 재구성해 말하는 것이 매우 중요하고, 청자를 사로잡기 위해 어떤 떡밥을 먼저 던질지도 고민해야 한다.

최종 발표는 채점하지 않기 때문에 학생들에게 모둠 친구들과 내용 구성이나 전략을 공유해도 괜찮다고 안심시켜준다. 이야기를 채점하면 자신의 아이디어와 전략을 공유하지 않겠지만 평가 요소에 해당하지 않고, 같은 소설을 선택한 친구와는 다른 테이블에서 발표하기 때문에 비교가 되지도 않는다. 그래서 학생들은 대부분 서로의 생각을 공유하고 더 좋은 것을 수용하며 아이디어를 조합해본다. 생각이 너무 다르거나 수용이 어려운 경우에는 각자 자신의 아이디어대로 진행하기도 한다. 이 역시 자연스러운 모습이다.

지금 같이 앉아 있는 모둠 친구들과 스토리텔링을 함께 하는 건 아니에요. 스토리텔링을 할 때는 서로 다른 책을 읽은 네 명이 한 모둠이 되어서 각자의 이야기를 하고 듣는 것입니다. 단, 혼자 스토리텔링의 내용과 전략을 준비하는 것보다 친구들과 협업하면 전략 아이디어도 공유할 수 있고, 내용을 더 깊고 폭넓게 이해할 수 있고, 서로의 전략을 피드백해줄 수도 있습니다. 더구나 스토리텔링 자체를 채점하지 않기 때문에 서로의 구성이나 전략은 경쟁 대상이 아니에요. 따라서 빌려주고 빌려 쓰는 게 가능하죠.

(1) 이야기 구성과 전략 정하기

먼저 이야기를 어떻게 끌어갈지 정해 스토리텔링의 틀을 잡는다. 최대 발표 시간이 10분이고 청자에게 질문을 건네거나 생각을 묻는 등의 소통 시간을 고려해 발표에 여유를 둬야 하므로, 발표 준비는 7~8분 정도로 하라고 안내했다.

2~3분은 청자의 시간이다. 스토리텔링은 일반적인 발표와 달라서 발표를 모두 듣고 청자가 질문하는 것이 아니라 청자가 이야기에 계속 개입한다. 청자와 함께 이야기를 만들어간다고 해도 과언이 아니다. 학생들에게 처음 예시로 보여준 영상에서도 청자가 사건과 관련된 편지를 읽어주거나, 인물의 감정을 대신 말해주거나, 사건의 단서를 제공하는 등 꽤 적극적으로 이야기에 개입했다. 학생들은 10분 동안 오롯이 자신의 말만으로 청자의 관심을 유지하는 것이 얼마나 어려운지 잘 알고 있다. 그래서 청자를 이야기 속으로 끌어들이는 장치가 필요하다는 것을 자연스럽게 깨닫는다.

(2) 보조 자료 제작하기

학생들에게 PPT는 되도록 제작하지 않게 했다. PPT를 보면서 프레젠테이션하듯 이야기하는 것은 스토리텔링의 본질에 맞지 않기 때문이다. 그래서 PPT를 만들더라도 그림이나 사진을 보여주는 보조 자료 수준에 그쳐야 한다고 명확히 전달했다. 슬라이드는 최대 세 장까지만 허용했다.

하지만 PPT를 만들지 않은 모둠은 거의 없었다. 다만 슬라

이드 개수에 제한을 두니, 오히려 여러 가지 아이디어를 떠올리면서 한 장만 만드는 학생이 많았다.

아이들은 소품을 만들어도 되는지 궁금해했는데, 처음에 보여준 김주열 열사 스토리텔링 영상에서 신문 기사와 졸업장 등 다양한 소품이 등장한 영향이다. 소품 활용도 이야기의 몰입도를 높이고 재미를 더해주는 중요한 스토리텔링의 요소다.

나는 PPT 제작 시간에 소품을 함께 만들어도 된다고 답했다. 그러자 모둠 내에서 PPT 담당, 소품 담당 등으로 역할을 나누는 모습이 곳곳에서 보였다.

학생들이 만든 PPT와 소품의 완성도는 기대 이상이었다. 《운영전》을 담당한 학생들은 마치 약속이라도 한 듯, 운영과 김 진사가 주고받은 편지와 삽입 시가 담긴 쪽지를 만들었다. 교사가 따로 설명하지 않아도 책을 읽고 참고 자료를 보고 모둠 대화를 나누다 보면, 편지와 시가 이 소설에서 두 주인공을 이어주는 주요 매개체라는 것을 금세 알게 된다.

《윤지경전》을 담당한 학생들은 지경과 연화의 결혼식 청첩장이나 지경을 찾는 전단지, '주초위왕'이라고 적힌 나뭇잎 등을 만들었다. 스토리텔러들이 무엇에 중심을 두고 이야기를 이끌어나갈지, 어떤 구성으로 이야기를 전개할지 잘 드러나는 소품이다. 《최척전》을 담당한 학생들은 이 작품이 다소 극적

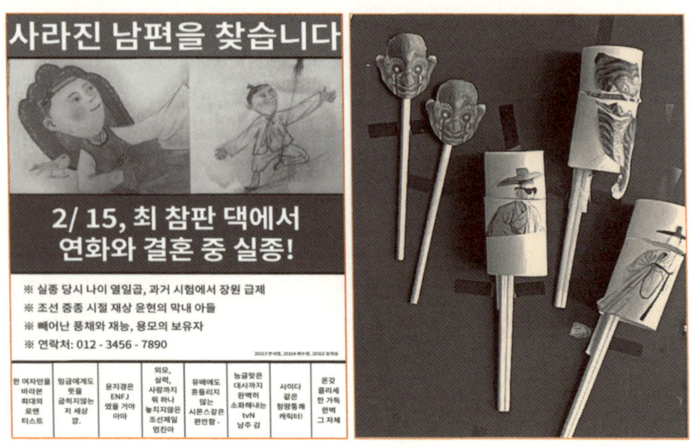

학생들이 제작한 《윤지경전》 전단지와 《박지원의 한문 소설》 휴지심 인형

인 우연성이 반복되지만 동시에 실화를 바탕으로 한다는 점을 잘 살렸다. 요즘 학생들의 일명 '주접' 감성이 드러나는 전단지를 만들기도 했고, 최척의 광대한 이동 경로를 보여주기 위해 배 한 척이 소설의 공간적 배경을 따라가는 영상을 제작하기도 했다.

《방한림전》을 담당한 학생들은 조선 시대 소설 가운데 동성혼을 다룬 작품이 있다는 사실에서 받은 충격과 신선함을 전달하려는 듯 대부분 PPT에 무지개를 넣었다. 또 한 학급의 《구운몽》 모둠은 성진 스님의 법회를 광고하는 동자승을 콘셉트로 정해 설법 광고지를 제작했고, 진지하게 합장 연기를 연습하기도 했다.

가장 인상 깊었던 소품은《박지원의 한문 소설》을 읽은 한 학생이 준비한 휴지심 인형이었다. 〈호질〉의 장면을 실감 나게 설명하기 위해 나무젓가락과 휴지심으로 만든 양반과 호랑이 인형이었다. 겉으로 보기에는 조악했지만, 휴지심을 반으로 갈라 입이 움직이는 것처럼 조작할 수 있게 만든 소품이었다. 게다가 말을 워낙 재미있게 하는 학생이라 스토리텔링도 무척 기대되었다.

이번 차시에 제작한 PPT나 인쇄용 소품은 모두 활동 패들렛에 업로드하게 했다. 인쇄가 필요한 경우에는 이 시간 안에 댓글을 남기면 발표 시간에 인쇄해서 가져다주겠다고 했다.

판만 잘 깔아도 '반은 성공'
학생들의 '찐' 참여를 이끄는 발표 환경 준비하기

발표 모둠은 발표 당일에 공개하지만, 구성은 미리 해놔야 한다. 서로 다른 책을 읽은 학생을 네 명씩 배치하는 일이므로 그리 어렵지 않다. 고려해야 할 점은 이른바 '폭망'하는 모둠을 만들지 않는 것이다. 준비 과정을 지켜보면 기대되는 발표자와 걱정되는 발표자가 생기기 마련이다. 이 발표자들이 한 모둠에 몰리지 않도록 최대한 분산 배치했다.

지난 시간에 학생들이 남긴 댓글을 참고해 인쇄해야 하는 소품들도 미리 준비해둔다. 수업 시간 50분이 아주 촘촘하게 구성되어 있으므로 인쇄를 안 해와서 다시 교무실에 가는 일이 생기면 곤란하다. 교사가 학생들의 발표를 망치지 않도록 사전에 꼼꼼하게 확인해야 한다.

원활한 스토리텔링을 위해 가장 중요한 조건은 넓은 공간이다. 모든 모둠에서 동시에 스토리텔링을 하면 목소리가 겹치기 때문이다. 하지만 평소 모둠 활동과 크게 다르지 않기 때문에 사정이 여의치 않으면 교실 크기의 공간에서 해도 괜찮다. 다만 나는 학급 교실이 아니라 이전에 다른 과목 수업이 없는 별도의 공간에서 진행할 때 마음이 한결 편했다. 미리 장소를 꾸미고, 책상을 네 개씩 모둠으로 만들어놓고, 책상 위에 학생들의 포트폴리오를 올려놔야 했기 때문이다.

나는 시간표 문제로 매번 도서관을 확보하는 것이 어려워 교실, 교과 교실(일반 교실보다 넓었다), 도서관(1층은 열람실, 2층은 수업 공간으로 이뤄져 있어 2층이 아주 넓었다)에서 모두 진행해봤다. 그중 교실이 가장 학생들의 말소리가 겹쳐 불편하긴 했다. 학생들은 배경 음악이나 연기를 준비하기도 했고 악기를

발표 장소에 붙여놓은 포스터

가져오기도 했는데, 발표할 때 자신이 의도한 대로 소리가 전달되지 않으면 많이 아쉬워했다. 따라서 되도록 넓은 공간을 확보해 학생들의 소리가 겹치지 않게 하는 것이 좋다.

채점이 없는 즐거운 활동 시간이기에, 학생들의 기대감을 조금 더 높이고 싶었다. 그래서 유튜브 썸네일 같은 포스터를 하나 만들어 발표 장소에 붙여뒀다.

"선생님, 저게 뭐예요?"

아이들이 발표 장소에 들어오면서 웃음을 터뜨린다. 아주 작은 요소지만 학생들의 관심을 끌고, 살짝 상기된 기분으로 발표에 임하도록 도와준다. 무엇보다 발표 준비를 열심히 한

201

학생들을 위해 나도 무언가 해주고 싶다는 마음이었다.

쉬는 시간에 발표 장소에 미리 오는 학생들도 있었다. 이야기 전개의 핵심이 되는 단서나 소설 속 삽입 시 등을 같은 모둠 친구들의 책상 속에 미리 숨겨놓으려는 것이다. 그래서 스토리텔링을 하는 날에는 발표 장소에서 계속 대기하고 있어야 한다. 또 이렇게 일찍 오는 학생들이 있기 때문에 한 학급의 발표가 끝나면 다음 학급 학생들이 오기 전에 그 학급의 학습지를 발표 모둠에 맞게 미리 책상 위에 올려놔야 한다.

각자의 이야기로 완성되는 '모둠전傳'
[10차시] 모두가 이야기꾼이 되는 시간

학생들이 교실에 들어오면 먼저 자리에 앉힌다. 별도의 좌석표는 없다. 책상 위에 올려져 있는 자신의 포트폴리오가 곧 앉을 자리다. 대부분 학생은 설레거나 긴장해서 그런지 시작 종이 울리기 전에 이미 자리에 앉아 있다.

수업 종이 울리면 가장 먼저 발표 순서를 정해야 한다. 2분 안에 가위바위보 위주로 빠르게 정하도록 한다. 발표 전략에 따라 가장 먼저 하거나 가장 나중에 하고 싶다고 말하는 학생도 있다. 이는 모둠에서 협의를 거쳐 정하면 된다.

발표 순서가 정해지면 포트폴리오에서 이번 차시에 청자로서 기재할 페이지(221쪽 참조)를 펴라고 한다. 이 페이지는 친구들의 발표를 들었는지만 파악하는 용도다. 그래서 글씨를 가지런히 쓰거나, 내용을 일목요연하게 쓰거나, 정리할 필요는 없다고 했다. 다만 아무것도 적지 않으면 발표를 집중해서 들었는지 묻는 평가 항목 점수를 줄 수 없다고 했다.

발표는 한 사람당 10분씩, 10분의 발표가 끝나면 곧바로 다음 발표가 이어지는 형식이다. TV 화면에 타이머를 크게 띄워 놓고 첫 번째 학생들에게 발표 준비를 하라고 했다. 한 명 한 명의 발표가 이어지면 각자 모둠에는 네 가지 이야기가 쌓이고, 말맛의 매력을 느낄 수 있는 '모둠전傳'이 된다.

여기까지 설명하면 7~8분 정도가 지난다. 이제 본격적인 발표가 시작된다. 이번 차시를 위해 달려왔으니 학생들도 교사도 이 시간을 마음껏 즐기면 된다. 평가하지도, 평가당하지도 않고 그저 친구의 이야기에 빠져들기만 하면 된다. 교실에는 40분 동안 이야기가 흘러넘친다.

첫 타이머가 시작되면 각 모둠의 첫 번째 학생이 입을 연다. 순식간에 발표 장소는 그 시절 저잣거리처럼 왁자지껄해진다. 여덟 개 남짓한 모둠의 학생들이 동시에 발표하기 때문에 넓은 장소라고 해도 말소리가 꽤 겹친다. 그래도 교실이 아닌 이상 다른 학생들의 발표를 방해할 정도는 아니다. 가끔 발표에 지나치게 몰입해 흥분하는 학생도 있다. 그럴 때는 그 학생에게 다가가 "조금만 차분히 하자"라고 하면 민망한 듯 웃으며 금세 안정을 되찾는다.

대부분 발표는 청자를 개입시켜도 1분 정도 일찍 끝난다. 첫 번째 발표의 청자들은 남은 시간에 궁금한 내용을 질문하거나 발표 소감을 이야기해주면 된다. 두 번째 발표자는 태블릿을 미리 켜놔도 된다. 하지만 10분이 다 되도록 이야기를 마치지 못하는 학생도 간혹 있다. 평가에 반영되는 부분은 아니지만, 이런 학생은 시간을 맞추지 못한 점을 많이 아쉬워하고 속상해한다.

10분이 끝나면 모두가 스토리텔러에게 박수를 보내도록 했다. 그 사이 두 번째 발표자가 태블릿을 꺼내는 등 간단한 준비를 하고, 곧바로 다음 발표가 이어진다.

발표 전략을 구상하는 시간에 이미 계획한 것처럼 청자들은 스토리텔링을 들으며 또 다른 주체가 된다. 많은 스토리텔러가 청자들에게 의견을 구하거나 역할을 부여하며 청자와의 상호 작용을 택한다. 학생들도 그 방식이 훨씬 재미있고 의미있다는 것을 잘 안다.

"윤지경은 자신을 데리러 온 김송환에게 아내를 사랑한다는 죄목으로 잡혀간 관리가 그동안 몇 명이나 있었는지 따지며, 황소 열 마리가 와도 자신을 못 끌고 갈 거라고 말했어. 그러면서도 김송환에게 술과 음식을 대접했지. 그러곤 잠시 주변을 둘러보다가 김송환에게 건넨 말이 아주 충격적이야."

스토리텔러가 뜸을 들이며 청자들의 반응을 살핀다.

"뭔데? 뭐라고 했는데? 빨리 말해."

청자들이 조바심을 내며 재촉한다.

"그 무렵 세상에 떠돌던 기이한 이야기를 꺼낸 거야."

"그게 뭔데?"

스토리텔러는 미소를 지으며 속삭이듯 말한다.

"너, 책상 속을 볼래?"

책상 속에서 '주초위왕'이라고 적힌 나뭇잎 모양의 색종이가 나온다.

"야, 이거 언제 넣어놨어? 좀 하는데?"

"갑자기 주초위왕이 왜 나와? 이거 기묘사화잖아."

학생들은 깜짝 놀라며 다양한 반응을 보인다.

"그렇지? 그 이야기는 더 듣다 보면 나올 거야. 계속 들어봐."

교사는 돌아다니며 학생들이 나누는 이야기의 분위기를 살피고, 옆에서 간간이 귀 기울여주면 된다. 10분 동안 여덟 개 남짓한 모둠을 돌아야 하므로 발표의 기승전결을 온전히 관찰할 수는 없다. 발표를 채점하지 않는 이유 중 하나이기도 하다. 이야기를 잘하다가도 교사가 다가가면 멈칫하는 학생들이 있다. "선생님이 오시니까 떨려요"라고 말하는 학생이 있으면 슬쩍 한 발 물러선다. 그러면 곧 다시 재잘거리며 이야기를 이어간다.

학생 수가 4의 배수가 아니면 당연히 네 명으로 구성되지 않는 모둠이 생긴다. 하지만 10분씩 발표해야 하므로 다섯 명으로는 구성할 수 없다. 이럴 때는 세 명인 모둠을 만들고, 마지막 10분은 오늘 기재해야 하는 페이지를 정리하거나 서로 못다 한 이야기를 나누도록 한다.

네 번의 스토리텔링이 정신없이 지나가면 수업 끝 종이 울린다. 대부분 학생은 스스로 피드백하면서 교실을 나간다.

"10분 너무 짧아요. 시간이 부족해서 아쉬웠어요."

"한 번으로 끝내기 너무 아쉬워요. 다시 섞어서 다른 친구들 이야기도 듣고 싶어요."

"교실이 좀 시끄러워서 이야기를 잘 못 들었어요."

"다른 친구들 보니까 저는 준비가 부족했던 거 같아요."

아쉬움을 말하던 학생들도 대부분 마지막에는 이렇게 덧붙인다.

"선생님! 오늘 너무 재미있었어요!"

"말로 할 줄 알아야 진짜 아는 것"
[11~12차시] 최종 글쓰기로 완성하는 '후일담'

책을 읽고, 생각하고, 생각을 나누고, 다른 학생들과 교감하며 이제는 '내 소설'이 된 고전소설에 대한 애정을 담아 최종 글을 쓰도록 했다. 발표는 채점하지 않는 수행평가였고, 작문 중심의 평가였기에 '최종 글쓰기'를 평가 요소에 넣었다. 하지만 학생들에게 제대로 된 피드백을 받고 싶다는 마음이 더 컸다. 그래서 최종 글에는 자신이 읽은 고전소설에 대한 평가와 다른 친구들의 발표 중 흥미로웠던 작품, 그리고 이 활동 자체에 대한 생각을 함께 담도록 했다. 학생들은 한 차시 동안 그동안의 활동을 되돌아보며 최종 글을 작성해 제출했다.

마지막 차시를 위해 학생들이 제출한 포트폴리오 중 공유할 만한 내용을 PPT로 정리해 학생들에게 환류했다.

이 활동은 '문학' 교과에서 이뤄진 것이기 때문에 피드백 대부분은 고전소설 내용과 관련이 있었고, 범주화해보니 크게 두 가지로 나눌 수 있었다. 하나는 '내용적 측면(고전소설에 대한 기존의 생각, 읽고 난 후에도 여전히 아쉬운 부분, 고전소설의 매력, 읽고 난 후 깨달은 점)'이었고, 다른 하나는 '형식적 측면'이었다. 우선 화법과 관련이 있는 '형식적 측면'에 대한 내용을 일부 소개하면 다음과 같다.

10분이라는 발표 시간이 너무 짧아 40분 내내 이야기하고 싶었다. 내가 이야기하는 것도 즐거웠지만, 무엇보다 친구들의 이야기를 듣는 것이 너무 재미있었다. 친구들이 소개해준 모든 책을 다 읽어보고 싶다는 생각이 들었다.

집에 가서 부모님께 내가 읽은 고전소설의 이야기를 친구들에게 들려주듯 들려드렸는데, 부모님께서도 이야기에 흥미를 보이셨다. 고전소설을 읽지도 않는 내가 고전소설을 대화 주제로 삼아 이야기를 나눈다는 사실 자체가 신기한 경험이었다.

시험으로만 고전소설을 접해서 그동안 고전소설을 어려워했던 것은 아닐까. 성적을 올려야 한다는 압박감에 점수를 깎아 먹는 고전소설을 쳐다보려 하지도 않고 싫어했던 것은 아닐까. 말하기를 준비하느라 소설을 세 번 읽었는데, 신기하게도 매번 다른 면을 볼 수 있었다. 단순히 읽는 것을 넘어 이야기하려고 준비하는 과정에서 깨달은 것이 정말 많아서 '말로 할 줄 알아야 진짜 아는 것'이라는 말의 의미를 알게 된 것 같다. 그리고 진득하게 소설을 읽고 친구들과 이야기를 나누며 함께 고민하는 시간이 너무 재미있었다.

학생들이 이 활동을 통해 고전의 매력을 느낄 수 있었던 이유는 혼자 읽으며 그 깊이를 이해했기 때문이 아니라, 같은 책을 읽은 친구들과 이야기를 나누고 의미를 파악하며 혼자서는 닿을 수 없었던 곳에 함께 다다랐기 때문이다. 또 그렇게 함께 나눈 생각을 더 많은 친구에게 들려주며, 그들이 즐거워하고 놀라는 모습을 보면서 같이 즐겼기 때문이다.

완결된 최종 글 하나를 소개하고자 한다. '내용적 측면'이 중심이긴 하지만, 이번 활동의 마무리를 보여주는 의미로 학생의 글 전문을 함께 싣는다.

흔히들 고전문학을 두고 "읽은 사람은 많지만 제대로 읽은 사람은 아무도 없다"라고 한다. 이야기의 흐름을 따라가며 줄거리를 읽는 것은 어렵지 않지만, 행간과 마침표, 문체와 단어 선택, 전개와 결말을 면밀히 살펴가며 온전히 받아들일 줄 아는 사람은 그리 많지 않다는 뜻이다.

그래서 고전을 읽는 일은 현대인들에게 일종의 숙명이자 과제이기도 하고, 가볍게 누구나 읽을 수 있는 문학이 아니라는 점에서 고전은 고전으로서의 가치를 지닌다.

내가 읽은《최척전》도 마찬가지였다. 이야기의 내용 자체는 쉽고 재미있었지만, 그 속에 담긴 작가의 의도와 숨겨진 진짜 가치를 발견하는 일은 오랜 고민을 수반했다. 책을 읽고 한 발 가까이 다가가 더 깊은 곳에 있는 이야기로 향하는 과정에서 다양한 것을 느끼고, 배우고, 흡수하는 시간이었다.

생사가 달린 전쟁이라는 무거운 존재 앞에서 인간을 택하는 사람 본성에 새겨진 정, 기적이라고 여겼던 주변 사람들의 도움, 가족을 향한 질긴 사랑까지. 내가 살면서 받아온 것, 줬던 것, 앞으로도 새겨야 할 것들이《최척전》속에 가득했다.

책장을 덮고 난 후 내 삶이 변했다거나 엄청난 전환점을 맞이했다고 한다면 그건 거짓말이다. 하지만 적어도, 여러 개의 눈을 수집하고 있는 나의 내면에《최척전》을 읽고 난 후 새로운 하나의 눈을 뜨게 되었다.

이제는 사람에게 태초에 주어진 것이 선함과 사랑임을 알고, 고전이 고전인 이유에 읽고난 뒤 새로운 관점 혹은 신선한 눈과 마음을 선사하는 것이 있음을 안다.

그리고 이 활동을 하며 사랑과 돈이 그렇듯, 생각 역시 나눌수록 풍요로워졌다. 내가 읽은 《최척전》, 모둠원들이 읽은 《윤지경전》 《운영전》 《박지원의 한문 소설》까지 수백 년 전 사람들의 이야기를 소개하고 듣는 과정에서 내가 고전 속에 푹 젖어 있음을 느낀 시간이었다.

(2학년 김지훈(가명))

말하고 웃는 교실을 꿈꾸며

좋아하는 예능 프로그램을 보며 아이디어를 얻은 것이어서, 어디에서도 들어본 적 없는 형식의 수행평가를 한다는 부담이 있었다. 또 '스토리텔링'이라는 이름을 붙여놓고 정작 스토리텔링 자체를 평가하지 않는 것이 괜찮을지 의문도 들었다. 그럼에도 일단 해보자는 마음으로 첫해에 시도했고, 수행평가를 진행하는 내내 계속 고민하며 수정했고, 학생들의 후기를 통해 용기를 얻어 벌써 3년째 이런 형식으로 고전소설을 '말하게' 하고 있다.

한 사극 드라마°에 이런 장면이 나온다.

여자 노비와 양반집 도련님이 저잣거리에서 전기수의 공연

211

을 보고 있다. 공연이 끝나자 도련님은 전기수의 연기가 절절하지 않고 뻔해 수준이 낮다고 평한다. 그러자 여자는 말한다. 도련님은 글로 접할 기회가 많고 좋은 공연도 많이 봤을 테니 이런 저잣거리의 수준이 미미하게 느껴질 수 있지만, 자신처럼 천한 사람들에게는 조금 잘하고 못하고가 중요한 게 아니라고. 사는 게 너무 힘들어 이런 공연을 보면서 잠시나마 한시를 잊는 것이고, 오지 않는 행복한 날을 상상하며 대리 만족을 하는 것이라고. 그러면서 다음 말을 덧붙인다.

"그게 예인들이 가진 힘 아니겠습니까?"

학생들은 기대 이상으로 활동을 잘해줬다. 하지만 처음 수업을 구상하고 준비할 때부터 학생들의 스토리텔링 수준은 그리 중요하지 않았다. 여자 노비의 말처럼 학생들이 스토리텔링을 조금 잘하고 못하고가 중요한 건 아니라고 생각했기 때문이다. 스토리텔링을 준비하고 모둠 활동을 하고 실제 스토리텔링을 하면서 친구들과 함께 나눈 이야기를 통해 즐거움을 느끼고, 고전소설이 주는 매력과 교훈 혹은 생각거리를 조금이나마 느낀다면 더할 나위가 없다고 생각했다. 무엇보다 교실이 조금 시끌벅적하면서 활기가 돌았으면 싶었다.

○ 〈옥씨부인전〉, JTBC

학생들은 구비문학을 직접 이야기로 전달하면서 그 특징을 자연스레 배우게 되었다. 청자의 집중을 유지하기 위해 풍자나 해학 같은 요소가 필요하다는 것, 말하듯 쓰다 보니 자연스레 구어체 문장이 되었다는 것, 음악과 함께하는 공연이라 문장에 리듬감이 있다는 것, 청자의 반응을 살피며 이야기하다 보니 생동감이나 현실감이 극대화된 장면이 생긴다는 것, 이야기를 전달하다가 드러나는 화자의 감정이나 평가가 글에서는 서술자의 개입으로 나타날 수 있다는 것 등이다.

내가 기획한 활동에 너무 크게 의미를 부여하는 건 아닐까, 그저 정신 승리에 불과한 건 아닐까 고민이 많았다. 하지만 이 수업을 통해 학생들이 "예인들이 가진 힘"을 조금이나마 느꼈으면 하는 마음이다.

수행평가 채점 기준

구분	평가 척도	배점
평가 요소	**[발표 전]** ① 모둠의 대화 과정에 적극적으로 참여했는가? ② 같은 책을 읽은 다른 모둠원과 대화하며, 타인의 해석이나 평가와 비교하며 소통하는 것에 즐겁게 참여했는가? **[발표 중]** ③ 의사소통 과정의 특성을 구체적으로 이해하며 듣고 말하는가? ④ 의사소통 과정을 지속적으로 점검하고 효과적으로 조정하며 듣고 말하는가? **[발표 후]** ⑤ 상대의 말하기 전략을 분석하며 듣고, 그 내용에 대한 평가를 성실하고 풍부하게 기록했는가?	
채점 기준	위의 평가 요소 중 5개를 모두 충족하는 경우	10
	위의 평가 요소 중 3~4개를 충족하는 경우	8
	위의 평가 요소 중 1~2개를 충족하는 경우	6
	위의 평가 요소 중 1개도 충족하지 못한 경우	4(기본 점수)
	[작품 읽기 중] ① 작품에 드러난 구체적인 상황과 사회 문화적인 맥락 속에서 작가의 의도나 주제 의식을 이해하고 있는가? ② 작품의 인물, 사건, 배경, 구성 등의 내적 요소를 이해하고 있는가? **[작품 읽기 후]** ③ 모둠에서 나눈 대화 기록을 꼼꼼하게 작성했는가?	

평가 요소 (논술형)	④ 읽기와 쓰기가 다른 구성원들과 영향을 주고받으며 의미를 만들어가는 과정임을 이해했는가? ⑤ 읽기와 쓰기가 사회 문화적인 맥락 속에서 서로 영향을 주고받는 과정임을 이해했는가? ⑥ 정해진 시간 안에 각 문항 작성을 꼼꼼하게 했으며 내용이 풍부한가? ⑦ 작품 내용을 설명하기 위해 자료 조사를 충분히 해 발표에 필요한 내용을 기록했는가? ⑧ 자신만의 말하기 전략을 세우고 전략의 절차가 드러나도록 작성했는가? **[최종 글쓰기]** ⑨ 주체적인 관점에서 작품을 해석하고 평가했는가? ⑩ 작품에 대한 자신의 해석과 평가에 대한 타당한 근거를 제시했는가? ⑪ 능동적으로 글의 내용과 형식을 고쳐 썼는가? ⑫ 작품의 주제와 말하기 목적, 독자를 종합적으로 고려해 쓰기 과정을 점검하고 조정했는가? ⑬ 최종 글에 자료 조사 과정에서 조사한 내용과 생각한 말하기 전략이 드러났는가?	
채점 기준	위의 평가 요소 중 13개를 모두 충족하는 경우	15
	위의 평가 요소 중 11~12개를 충족하는 경우	14
	위의 평가 요소 중 9~10개를 충족하는 경우	13
	위의 평가 요소 중 7~8개를 충족하는 경우	12
	위의 평가 요소 중 5~6개를 충족하는 경우	11
	위의 평가 요소 중 3~4개를 충족하는 경우	10
	위의 평가 요소 중 1~2개를 충족하는 경우	9
	위의 평가 요소 중 1개도 충족하지 못한 경우	8
	포트폴리오 전체를 미작성해 제출한 경우	6(기본 점수)

1. [개인 활동] 작품 읽기 중 활동

(1) 독서일지에 오늘 읽은 내용을 기록해보세요. (하루에 한 칸만 적으면 되겠죠?)

오늘 날짜	오늘 읽은 쪽수 (~)	줄거리 요약, 인상적인 장면이나 대사와 그 이유, 작품을 읽으면서 생각나는 질문 중 하나를 적어보세요. 3줄에서 5줄 정도 적습니다.

(2) 책을 다 읽은 후 기록해보세요.

작품에 드러난 구체적인 상황과 사회 문화적인 맥락을 바탕으로 작가의 의도나 주제 의식이 무엇일지 적어보세요. 작품의 인물, 사건, 배경, 구성 등에 대해 인상 깊었던 점을 적어도 좋습니다.

2. [같은 책을 선택한 친구들과 모둠 활동] 작품에 대한 생각 나누기(평가 대상이 아님)

(1) 책을 읽고 난 후의 감상을 돌아가면서 이야기해보세요.

모둠원	감상	친구의 감상에 대한 나의 질문이나 생각

(2) 우리가 읽은 고전소설의 강점은 무엇이라고 생각하는지(어떤 점을 부각하면 좋을지) 이야기해보세요.

대화 내용 끼적끼적(자유롭게 연습장처럼) →	3가지를 정리해서 적어보세요.
	1.
	2.
	3.

3. [개인 활동] 이야기할 내용 생성하기, 발표 전략 세우기

(1) 내가 고른 명장면·명대사와 그 이유	
(2) 글 속에서 인상 깊은 등장인물의 삶의 모습 (혹은 대응 방식)	
(3) 작가의 의도나 소설의 주제의식	
(4) 글을 다 읽은 후 얻게 된 깨달음이나 생각	

(5) 이 작품을 이야기하기 위해 필요한 배경지식	
(6) 인물 관계도 (색 펜 사용 가능, 그림 그리기 가능) 《박지원의 한문 소설》을 선택한 사람은 각 단편 소설의 인물 관계도를 아주 간단히 적으세요.	
(7) 이 작품을 소개하기 위한 발표 전략(이렇게 소개해야 청자에게 잘 전달될 수 있을 것 같다는 자신의 아이디어 적기)	

4. [같은 책을 선택한 친구들과 모둠 활동] 모둠원들과 함께 3번에서 적은 내용을 공유하고, 꼭 담아야 할 내용과 발표 전략을 정한 뒤 정리하기(평가 대상이 아님)

꼭 담아야 할 내용	발표 전략

★ 위 내용을 정리한 모둠은 발표 자료를 만들면 됩니다. 발표 자료는 최대 3페이지까지만 제작합니다. 만약 그 이상을 제작하면 감점합니다. 자료가 모두 제작되었으면 패들렛에 제출합니다.

5. [다른 책을 읽은 친구들과 모둠 활동] 모둠원들과 꼬꼬무~

발표자	인상적인 고전소설 내용이나 발표 전략 등을 정리해보세요.
작품명	
발표자	
작품명	

6. [개인 활동] 활동을 마무리하며 최종 글쓰기

최종 글에 담아야 하는 내용

(1) 내가 읽은 고전소설 평가

평가 범위는 아주 넓습니다. 내용이나 주제 의식, 인물 설정 방법 등 작품에 대한 여러분의 생각을 이유와 함께 쓰면 돼요. 친구들의 발표를 들었으니 다른 친구들이 소개해준 작품과 비교해서 적으면 더 좋겠죠?

(2) 흥미 있게 들은 다른 작품과 그 이유

발표한 친구 이름을 쓰고 흥미로웠던 이유도 적어주세요. 내용 자체일 수도 있고, 그 친구의 말이 몰입감이 있어서일 수도 있겠죠. 여러분만의 이유를 쓰면 돼요.

(3) 활동에 대한 생각

활동을 마무리하면서 지금 마음에 품고 있는 생각을 적어주세요. 자신이나 친구들에 대한 칭찬, 아쉬움이나 만족감 등 무엇이든 좋아요!

교실에서 세미나를
열 수 있다면?

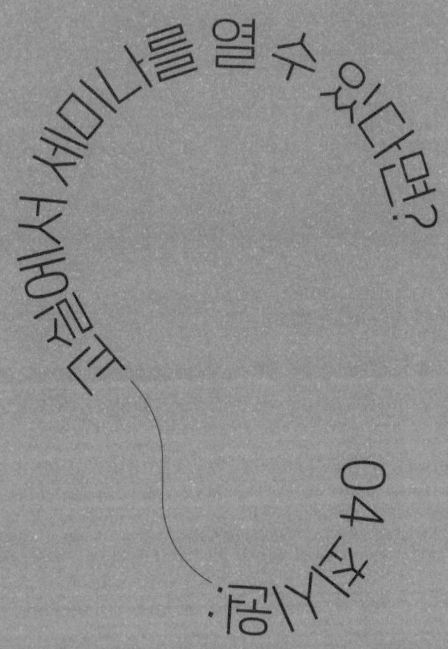

읽고 쓰고 듣고 말하며 피어나는 '작은 학술제'

최시원

아이들은 태어나서 수많은 음성을 들은 뒤 말하게 된다. 글자를 익히면서 책을 읽게 되고, 연필을 쥘 만큼 손에 힘이 생기면 쓰기를 할 수 있다. 이 모든 능력이 갖춰지는 초등학교 시절에는 독후 감상문 쓰기가 큰 과업이다. 시대의 담론에 따라 독후 감상문 양식은 조금씩 달라졌지만, 자신이 원하는 책을 많이 읽게 하고 줄거리와 느낌을 간단히 기록하는 일의 중요성은 꾸준히 강조되어왔다.

쓰기는 섬세하다. 말하기보다 논리성과 체계성이 더 요구된다. 그래서 독서뿐 아니라 아이들의 배움과 성장을 확인하는 과목별 최종 산출물로 '사회문제 탐구보고서 쓰기' '예술작품 감상문 쓰기' '과학실험 결과보고서 쓰기' 등 쓰기를 요구하는 경우가 많다. 문제는 이 모든 것이 '쓰기'로만 끝난다는 사실이다. 아이들이 쓴 글은 청중 앞에서 발표되거나 타인과 상호 토론하는 과정, 즉 '말하고 듣는' 경험으로 이어지지 않는다. 아이들의 글은 사회적 소통을 겪지 않은 채 점수로만 매겨진다. 그런데 그렇게만 해도 정말 괜찮을까?

독서와 작문 활동을 충실하게 겪어낸 아이들의 글은 그 자체가 작품이다. 책상 서랍에 그냥 넣어두기에는 아무래도 아깝다. 어떤 글에서는 아이들의 목소리가 생생하게 들린다. 형식적으로 빼어나다고 볼 수는 없지만, 저마다의 빛나는 사유가 글에 깃들어 있다. 그래서 아이들에게 마이크를 쥐여주고 싶었다. 공식적인 자리에서 목소리를 내어보거나 친구들의 이야기를 듣고 이해해보도록…. 나는 아이들을 조금 더 밀도 높은 '읽고 쓰고 말하고 듣는 세계' 속으로 데려가고 싶었다.

하지만 아이들의 글 중에는 논리적 비약이 걱정되는 것도 있다. 이런 점은 스스로 발견하기 어렵기에 타인의 시선이 필요하다. 질문으로 검증 단계를 꼼꼼히 거칠 필요가 있다. 같은 글을 읽고도 각자의 생각이 다르고 같은 과정을 거쳐도 결론은 서로 다를 수 있음을 이해하면, 세계관은 조금 더 크고 유연해진다.

이를 위해 각 활동을 길고 깊게 연결해야 했다. 교실에서 아이들에게 글을 쓰게 한다면, 이를 나눌 자리 또한 마련되어야

'독서 세미나' 수업 흐름(26차시)

영역	차시	수업 내용
독서(읽기)	1차시	나를 위한, 그리고 우리를 위한 책 고르기
	2~5차시	모둠 책 읽기
	6~8차시	질문으로 모둠 대화하며 나만의 견해 세우기
	9~12차시	개인 책 읽기
작문(쓰기)	13차시	서평에서 비평으로 나아가기
	14~17차시	초고 쓰기, 합평과 퇴고
화법 (듣기·말하기)	18차시	독서 세미나 수업 안내
	19~25차시	분야별 독서 세미나 ①~⑦
작문(쓰기)	26차시	최종 원고 제출하기

한다. 당연한 결론 같지만 현실에서는 쉽지 않다. 수업 시간에 다뤄야 할 성취기준은 여전히 많고, '진도'라는 두 글자가 교사를 자주 움츠러들게 하기 때문이다.

"선생님, 이게 끝이 아니에요?"

비평문 쓰기가 끝나고 세미나로 전환할 때 학생들이 물었다. 힘들다는 뜻이었다. 긴 호흡으로 이어지는 활동 구조가 낯설었을 것이다. 혹은 쓰기보다는 말하고 듣는 활동에 큰 부담을 느꼈을 수도 있다.

'나도 아이들도 힘든 거 같은데 그냥 이렇게 끝낼까?'

여러 마음이 오갔다.

결국 어떻게 되었을까? 그렇다. 이 수업은 책 읽고 비평문 쓰기에서 끝나지 않고, 거기서 한 걸음 더 나아간 이야기다. 학생들이 교실에서 마이크를 켜고 떨리는 목소리를 내어본 이야기다. 친구들의 말을 잘 듣고 질문하고 토론한 이야기다. 이렇듯 교실에서도 세미나를 열 수 있다.

삶의 리터러시를 키우는 말하기

"왜 지각했어?" "죄송합니다."

"이번 달에 교내 프로그램이 있으니 ○○일까지 신청하세요."

"지금이라도 오후 자습에 참여하고 싶은데 가능할까요?"

짧은 응답과 지시, 요청의 말들이 빈번히 오가는 일상 속에서 수업은 학생들과 삶을 깊이 나눌 수 있는 유일한 시간이다. 삶을 기반에 두고 아이들과 글이나 말을 나눌 때면, 나는 두 가지 상반된 감정이 교차한다.

아이들은 세상이 궁금하다. 자신도 타인도 세상도 잘 이해하고 싶어 한다. 세상의 일부로서 자신의 삶을 잘 꾸리고 싶어 하는 모습을 볼 때면 기특하고 흐뭇하다. 반면, 스스로 삶의 방향을 선택하고 판단하는 힘이 아직 부족하다는 사실에 마음이 무거워진다. 대화 끝에서 "엄마가 그렇게 하라고 했어요" "동아리 형이 그게 좋다고 하던데요" 같은 타인의 판단이 자주 들리기 때문이다.

결국 교육이란 학생들이 자기 삶의 주인이 되도록 돕는 일이다. 그렇다면 지금 학교는 그 주체성을 길러주는 공간이 되고 있을까? 교직 17년 차로 접어들면서 내 안에서 가장 자주 떠오르는 질문이기도 하다. 특히 고등학교 2학년 학생들은 1~2년 뒤면 성인이 된다. 17세 학생들이 "나는 왜 공부할까?" "나는 어떤 삶을 살고 싶은가?"라는 질문에 자신 있게 대답하지 못한다면, 우리는 학교에서 무엇을 가르치고 있는 것일까?

이런 고민은 글쓰기에서도 이어진다. 학생들의 글을 읽다 보면 "이 문장의 근거는 뭘까?" 하고 궁금해질 때가 많다. 기억해뒀다가 복도나 교실에서 가볍게 물어보면, 자기 생각을 소신 있게 밝히는 학생이 의외로 많지 않다. 자기 생각을 잘 말하는 것 같다가도 몇 마디를 더 나눠보면 "유튜브에서 봤어요" "유명인 ○○○이 그렇게 말했어요"가 논증의 전부인 경우가 있다. 그 논증이 생각보다 허술해서 놀랄 때도 있다.

아이들 탓은 아니다. 아이들은 아직 경험이 다양하지 않고, 우리가 직접 만나서 맺는 인간관계에는 언제나 시간적·공간적 한계가 존재한다. 게다가 인터넷 속 세상에는 정보가 넘쳐나지만, 그중 무엇이 진실인지 가려내기가 쉽지 않다. 그래서 책이 아이들에게 좋은 친구가 되기를 바란다. 책은 시간과 공간을 가뿐히 뛰어넘어 저자 나름의 체계와 논리로 복잡한 세상을 보여준다. 물론 책이라고 해서 모두 완벽하지는 않다. 오히려 비판적으로 읽는 과정에서 질문이 생겨난다. 자신의 관점으로 주체적으로 읽는 경험이 축적되면, 자기 삶의 논리를 탄탄히 세울 수 있다.

이런 이유로 나는 '서평'이 아닌 '비평'을 하기로 했다. 비평은 '작가의 의견을 수용'하는 데서 그치지 않고, '작가의 의견을 판단하고 평가'해야 한다. 텍스트의 사실적 이해를 넘어 전체적인 맥락을 읽어낸 뒤, 이를 평가하고 판단한다. 이는 자기 관점을 세워야만 가능하다. 대충 알거나 부분만 읽고서는 비평을 하기 어렵다. 그래서 비평에는 비판적 안목과 함께 창조적 접근이 필요하다.

결국 학생들은 책을 읽고 비평하고 서로의 생각을 듣고 말하며 세상을 이해하고 해석하는 시간 속에서 자기만의 주체적 판단력을 키워갈 수 있다. 그래서 이 수업의 가장 큰 목표는 읽고 쓰고 말하는 과정을 통해 삶의 리터러시를 키우는 것으로 잡았다. 삶의 리터러시가 커질수록 더 자유롭고 당당하게 살아갈 수 있기 때문이다.

세미나가 빛나려면 먼저 책부터
[1차시] 기후위기부터 젠더까지, 풍성한 이야기를 위한 읽기 설계

첫 시간에는 "책을 안 읽어도 살아갈 수 있지만, 책을 읽으면서 사는 삶은 어떤 점에서 다를까?"라는 질문으로 이야기를 시작했다. 이어서 책을 읽고, 글을 쓰고, 쓴 글을 나누는 세미나 활동까지 이어지는 전체적인 수업 흐름을 소개했다. 긴 호흡으로 진행되는 수업이라는 점, 마음을 다해 참여하면 점수보다 더 많은 것을 배우게 될 거라는 점도 강조했다.

2월에는 같은 학년 선생님들과 머리를 맞대고, 학생들이 궁금해하며 함께 이야기 나눌 만한 주제를 정했다. 환경, 생태, 사회, 예술, 자연과학, 인권, 몸과 마음, 일, 성, 돈. 이렇게 10개 분야로 나누고, 분야별로 난도를 고려해 4권씩 책을 선정했다. 선정 기준은 명확했다. 세 명의 교사 중 한 명이라도 읽어보거나 수업에서 활용한 적이 있는 책만 목록에 넣었다.

목록을 완성한 뒤, 첫 시간에 아이들에게 공개하고 이번 학기에는 두 권을 선택할 수 있다고 안내했다.

"한 권은 모둠원들과 상의해서 고르면 되고, 또 한 권은 각자가 읽고 싶은 책을 고르면 됩니다."

독서와 작문 활동 이후 세미나까지 이어갈 생각이었으므로 세미나가 다채롭게 이뤄지도록 모둠별로 선택하는 책 분야가 겹치지 않게 조정했다. 자신이 희망한 분야의 책이 모둠 책으로 선정되지 않더라도 개인 책으로 선택할 수 있으니 아쉬움은 덜했다. 두 권 가운데 한 권은 학교 예산으로 사줬고, 나머지 한 권은 학생이 개인적으로 구매하게 했다.

함께 읽기가 주는 힘은 크다. 그래서 독서 과목은 되도록 모둠 단위로 함께 읽도록 수업을 설계한다. 하지만 분야별 세미나로 화법 활동까지 확장하려면, 모둠 책 한 권만 읽는 것으로는 부족했다. 특히 저자의 권위가 아이들을 압도하는 책의 경우, 아이들이 써내는 비평문이 저자의 의견을 그대로 수용하는 선에서 비슷비슷한 내용을 담게 되면 세미나의 역동성이 떨어질 수 있다.

세미나 활동이 의미 있게 이뤄지려면 공통 도서를 기반으로 하되, 개별 도서를 엮어서 자신만의 시각과 해석이 드러나면 좋겠다고 생각했다. 같은 분야의 책을 두 권 읽어 깊이를

분야별 책 목록

분야	키워드	제목
환경	#기후위기 #지속가능성 #환경윤리	린다 뉴베리, 《크루얼티프리》
		최우리, 《지구를 쓰다가》
		호프 자런, 《나는 풍요로웠고, 지구는 달라졌다》
		안드리 스나이어 마그나손, 《시간과 물에 대하여》
생태	#동물권 #채식 #생명다양성	김한민, 《아무튼, 비건》
		한승태, 《고기로 태어나서》
		최재천, 《생명이 있는 것은 다 아름답다》
		룰루 밀러, 《물고기는 존재하지 않는다》
사회	#정의 #불평등 #공정 #윤리	문유석, 《최소한의 선의》
		김누리, 《우리의 불행은 당연하지 않습니다》
		팀 마샬, 《지리의 힘》
		마이클 샌델, 《공정하다는 착각》
예술	#삶 #죽음 #아름다움 #철학 #미학	이슬아, 《깨끗한 존경》
		빅터 프랭클, 《죽음의 수용소에서》
		조원재, 《방구석 미술관》
		서현, 《건축, 음악처럼 듣고 미술처럼 보다》
자연 과학	#천문학 #우주 #물리학 #수학	심채경, 《천문학자는 별을 보지 않는다》
		이정모, 《과학이 가르쳐준 것들》
		루돌프 타슈너, 《수학을 배워서 어디에 써먹지?》
		리처드 도킨스, 《이기적 유전자》

인권	#차별 #혐오 #장애 #사회	예바 스칼레츠카, 《당신은 전쟁을 몰라요》
		김원영, 《실격당한 자들을 위한 변론》
		김지혜, 《선량한 차별주의자》
		류은숙, 《인권을 외치다》
몸과 마음	#질병 #심리 #회복 #상담	김선영, 《잃었지만 잊지 않은 것들》
		정혜신, 《당신이 옳다》
		안광복, 《식탁은, 에피쿠로스처럼》
		김승섭, 《아픔이 길이 되려면》
일	#노동 #권리 #기본소득	우춘희, 《깻잎 투쟁기》
		은유, 《알지 못하는 아이의 죽음》
		박정훈, 《이것은 왜 직업이 아니란 말인가》
		제레미 리프킨, 《노동의 종말》
성	#사랑 #가족 #젠더	최승범, 《저는 남자고, 페미니스트입니다》
		이민경, 《탈코르셋: 도래한 상상》
		이현정, 《우리는 왜 타인의 욕망을 욕망하는가》
		김희경, 《이상한 정상가족》
돈	#경제 #불평등 #빈곤의대물림	정은정, 《밥은 먹고 다니냐는 말》
		강은진, 《워킹푸어 가족의 가난 탈출기》
		클라우디아 해먼드, 《돈의 힘》
		카트리네 마르살, 《잠깐 애덤 스미스 씨, 저녁은 누가 차려줬어요?》

더하는 방식도 고려했지만, 창의성은 전혀 다른 분야의 것을 연결하려 할 때 더 크게 발현된다고 믿었다.

또 모둠 도서 선정 과정에서 자신이 원하는 책을 고르지 못하는 경우가 있어 학생들의 선택권을 보장할 필요가 있었다. 이 학생들은 네 학기 동안 단행본 읽기를 꾸준히 해온 덕분에 읽기 근력도 충분해, 공통 도서와 개인 도서를 함께 읽는 활동이 적절한 수준의 도전이 될 것이라 판단했다.

모둠 읽기가 열어준 '대화의 장'

[2~5차시] 각자 속도로 독서의 온도를 높이는 시간

모둠 책 읽기부터 시작했다. 학생들이 고른 책은 난이도와 분량이 제각각이었지만, 수업 시간 안에 함께 읽는 데 4차시면 충분했다. 독서일지(268쪽 참조)는 한 줄 소감, 요약하기와 핵심 내용 파악하기, 질문하기로 칸을 나눴다. 학생들이 읽는 책이 비문학인 점을 고려해 사실적·추론적 이해를 충실히 할 수 있도록 했다.

책을 끝까지 읽지 못하면 다음 단계 활동이 어렵다. 그래서 모든 학생이 완독할 수 있도록 몇 가지 노력을 기울였다.

가장 먼저 독서일지 피드백을 꼼꼼히 했다. 한 줄 소감에 공감해주고, 읽은 쪽수를 살펴 독려하고, 이해하고자 노력한 과정을 칭찬하고, 통찰이 드러난 질문에는 별을 잔뜩 달아줬다. 교사가 독서일지를 허투루 보지 않는다는 걸 알게 되면, 학생들은 능동적인 읽기로 보답한다.

그다음으로는 모둠별로 책상을 배치하고 읽기 전이나 후에 책 수다 시간을 줬다. 별다른 형식 없이 독서일지에 쓴 내용을 가볍게 이야기하는 정도였지만, 서로의 읽기 상황을 살필 수 있다. 또 각자의 소감을 말하는 과정에서 공감과 견해 차이가 발생한다. 그 덕분에 책에 대한 흥미도와 이해도가 함께 올라간다. 이는 같은 책을 읽을 때만 가능한 일이다. 혼자라면 주저앉기 쉽지만, 서로에게 기대면 완독이라는 목적지에 더 쉽게 다다를 수 있다.

마지막으로 시간이 허락한다면 각자의 소감을 돌아가면서 말하는 정도를 넘어 토론으로까지 이어갔다. '책 읽기'라는 초점이 흐트러지지 않도록 시간을 통제하되, 서로 다른 의견이 활발히 공유되도록 유도했다. 서로의 이야기를 듣다가 상대와 의견이 다르거나 질문이 생길 때는 꼭 말하고 넘어가야 모두에게 도움이 된다고 여러 번 강조했다.

나는 아이들 곁을 거닐며 함께 책을 읽었다. 가끔 고개를 들어 아이들의 표정을 지켜봤다. 생각의 바다에서 깊이 잠수해 헤엄치는 모습 같다고 생각했다. 물론 내려오는 눈꺼풀을 이기지 못하고 꾸벅꾸벅 조는 학생도 있었다. 그럴 때는 등을 가볍게 도닥여 잠시라도 눈을 붙이도록 하면, 스르르 엎드렸다가도 다시 몸을 일으켜 책을 펼치고는 했다. 독서일지에 적힌 학생들의 읽기 속도, 분량, 표현 방법, 질문의 내용은 모두 달랐다. 같은 책을 읽었는데도 그렇다. 아이들은 각자의 속도로 몰입하며 독서의 온도를 높여갔다.

'깊고 풍부한' 비평을 향한 첫걸음
[6~8차시] 북 토크 하며 나만의 견해 세우기

학생들은 매 차시 독서일지에 두 가지 질문을 적는다. 4차시의 모둠 책 읽기 수업이 끝나면, 아이들에게는 여덟 개의 질문이 쌓인다. 6차시에는 그중에서 모둠원과 함께 이야기 나누고 싶은 질문을 각자 세 개씩 골라 포스트잇에 적게 했다. 세 장의 질문 카드가 만들어지면, 모둠원과 나누면서 즉석에서 해결할 수 있는 질문은 바로 해결하게 했다. 시간이 지나면 간단히 해결되지 않는 질문만 남는다.

그렇게 남은 질문 가운데 함께 대화하며 답을 찾고 싶은 네 가지를 확정하고, 그 질문에 대한 자신의 견해를 쓰게 했다. 10분 정도 답변을 쓰다 보면 종이 친다. 다음 시간까지 질문에 대한 자신의 생각을 충분히 써오도록 했다.

간혹 차시가 부족해 질문을 만든 직후 바로 대화를 이어간 적도 있었다. 그렇게 해도 아이들은 어떤 말이든 하게 마련이어서 대화가 전혀 이뤄지지 않는 것은 아니지만 깊이가 아쉬웠다. 자신의 생각이 명확하지 않은 상태에서 이야기를 나누면, 주도하는 몇몇 친구의 생각이 자신의 견해처럼 두루뭉술하게 넘어오기도 한다. 그래서 아이들이 스스로의 생각을 충분히 정리한 후, 모둠 대화를 나누도록 하는 것이 좋다.

7차시는 오로지 모둠 대화로만 진행했다. 이는 비평 쓰기의 1단계에 해당한다. 질문이 네 가지이므로 질문 하나당 10분씩 시간을 배정했다. 모둠 대화 진행자를 따로 정해도 좋고, 학생당 질문 하나씩을 맡아 대화를 이끌도록 해도 좋다. 이야기를 많이 나눌수록 책에 대한 이해가 넓거나 깊어지고, 비평문의 내용도 더 깊고 풍부해질 수 있다고 강조했다.

학생들에게는 모둠 대화를 '북 토크'라는 말로 바꿔 사용했다. 책을 중심에 두고 이야기를 나누는 '북 토크'라는 표현이 우리의 삶과 더 맞닿아 있는 말이라고 생각했기 때문이다. 교실 안에서의 배움이 아이들이 마주할 세상과 자연스럽게 연결되기를 바라는 마음도 담았다.

모둠에서 사회를 맡은 학생의 목소리에 조금 더 힘이 들어간다. 시간이 지나면서 긴장도 서서히 풀려간다. 나는 학생들이 자신의 생각만 일방적으로 발표하고 넘어가지 않도록, 한 사람이 발언을 마치면 공감이든 반박이든 혹은 다른 질문이든 발표자의 말에 대한 자신의 견해를 표현해달라고 당부했다.

아이들은 "우리 같은 책 읽은 거 맞아?" 하며 서로 다른 견해를 나타내기도 하고, "맞아, 나도 완전 그렇게 생각했어!" 하며 깊이 공감하기도 했다.

7차시의 북 토크로 생각을 활짝 열었다면, 8차시는 모둠 책 읽기의 결과를 정리하는 '나만의 견해 세우기' 시간이다. 학생들은 책의 전체적인 인상을 종합해 한 줄 평을 남기고 별점을 매긴다. 이어 책의 핵심 메시지를 한 문단 정도로 요약하고, 형식과 표현상의 특징을 분석해 효과를 평가하게 했다. 그다음 단계에서는 내용에 집중해, 책 속의 다양한 메시지 가운데 자신이 중요하다고 생각하는 세부 메시지를 세 가지 고르라고 했다.

학생들은 책을 읽으면서 저자의 메시지에 동의하기도 하고, 비판적 관점을 보이기도 했다. 또 새로운 질문으로 사고를 확장하기도 했다. 어떤 판단이든 나름의 이유가 있기 마련이다. 이를 뒷받침하는 개별 사례나 근거를 들면 타당도와 신뢰도를 확보할 수 있다고 일러줬다.

3단계에서 다시 논증을 구성할 예정이므로, 2단계 활동지(269쪽 참조)에서는 자기 견해의 이유만 밝히도록 했다. 어떤 책을 선택했는지에 따라 세부 메시지는 비판적 논조가 되기도 하고, 공감과 동의의 확장이 되기도 했다. 세부 메시지를 정할 때는 책에서 공감한 부분과 비판적 인식이 생겼던 부분 혹은 질문이 균형 있게 들어가면 좋다고 안내했다.

나의 책이 우리의 대화가 되다

[9~12차시] 서로 다른 책을 잇는 '창의적 연결고리' 만들기

드디어 개인 책 읽기 시간이다. 학생들은 자신의 취향이 한껏 반영되어서인지 독서 활동에 더 적극적인 모습을 보였다. 모둠 책 읽기와 같은 활동 구조라서 익숙하게 활동을 시작한다. 서로 다른 책을 읽고 있기에 모둠원끼리의 공감대 형성은 덜하다. 하지만 모둠 책 읽기로 같은 책을 이미 읽은 친구들이 학급 안팎에 꽤 있어서, 개인 책 읽기는 교실 속 수업이라는

242

한정된 시공간을 넘어서는 이야기로 확장된다.

수업의 시작과 끝에 개인 책 내용에 대한 사실적·추론적·비판적 이해와 더불어 모둠 책과의 연결고리를 생각해보게 했다.

경제와 인권이 만나고, 환경과 노동이 만나면? 예술과 성이 연결되고, 몸과 자연과학이 맞닿으면 어떤 이야기를 할 수 있을까?

과제를 받아든 학생들의 표정은 다양했다. 정답이 없어서 다소 어렵게 느낄 수도 있겠다고 생각했지만, 대부분은 흥미롭다는 반응이었다. 답이 정해져 있지 않으니 자신의 생각을 펼칠 여백이 더 커졌기 때문이다. 흥미로운 질문이 아이들의 호기심을 자극하고, 과제의 주체적 성격이 아이들의 의욕을 이끌어내는 걸까?

책 읽기 수업의 흐름은 모둠 책 읽기와 같다. 개인 책과 모둠 책을 연결하려면, 먼저 개인 책 자체에 대한 충분한 이해가 필요하다. 그래서 다시 4차시 동안 독서일지(268쪽 참조)를 꼼꼼히 기록하게 했다. 또 책 읽기 시간의 도입 5분이나 마무리 5분은 질문을 바탕으로 한 모둠 수다 시간을 반드시 확보했다. 서로의 독서 상황을 살피고 견해를 덧붙이는 이 시간은 짧지만 귀하다.

"와, 벌써 절반 넘게 읽었네. 내용이 어때?"

"환경 문제를 다루는 작가의 시각이 상당히 흥미로워. 개인 책을 잘 선택한 것 같아. 그런데 환경이랑 노동이랑 연결되면 어떤 이야기를 할 수 있을지가 고민이야."

"환경의 범위를 좁히면 일터가 되기도 하잖아. 노동권 문제와 연결하면 할 이야기가 무궁무진하지 않을까?"

"그렇네. 공장 폐수로 인한 오염이나 산업 재해 같은 문제에는 환경과 노동이 동시에 얽혀 있으니까. 좋은 아이디어 고마워!"

"나는 예술과 돈이 키워드라서, 예술의 가치가 시장 논리 속에서 어떻게 소비되는지에 대해 고민해보고 싶거든."

"오, 흥미롭다. 전혀 다른 두 개의 맥락인 것 같은데 이렇게도 연결이 되네."

모둠 안에서의 독서 상황과 책에 대한 이해도는 서로 달랐지만, 학생들은 친구들이 선택한 책에도 관심을 가지며 서로의 읽기를 독려했다. 이 과정에서 개인 책과 모둠 책을 엮어나가는 다양한 아이디어를 주고받을 수 있었다.

책 중심 서평에서 나 중심 비평으로

[13차시] 주체성을 중심에 둔 개요 작성하기

학생들이 개인 책을 읽는 동안, 나는 8차시 때 학생들이 작성한 2단계 활동지를 개별 피드백했다. 13차시는 교사의 개별 피드백 내용을 표시한 2단계 활동지를 다시 돌려주면서 시작했다.

이제 우리는 3단계로 넘어갈 거예요. 2단계에서는 책이 중심이었죠? 저자가 무슨 생각을 했는지, 어떤 메시지를 주려고 했는지를 정리했어요. 이번에는 주체를 저자에서 '나'로 바꿉니다. 내 생각을 먼저 제시하고, 그 근거로 책을 활용하는 거죠. '이 책이 이렇게 말했으니 나도 이렇게 생각한다'가 아니라 '나는 이렇게 생각하는데, 이를 뒷받침해주는 게 책의 이 부분이다'라고 말하는 거예요. 이 단계가 바로 서평을 넘어 비평으로 가는 중요한 순간입니다.

2단계의 주요 활동은 책이 전하는 메시지를 정리하고, 저자의 의견에 대한 자신의 판단을 정리하는 것이었다. 3단계에서는 주체가 저자에서 자신으로 바뀌므로 책이 아닌 자신의 견해가 중심이 된다. '서평'과 '비평'의 차이가 여기서 비롯된다고 봤다. 비평까지 나아가야 세미나가 주체성을 띨 수 있다.

3단계 활동지(271쪽 참조)는 자신의 견해를 먼저 제시하고, 그 근거나 이유로 책을 활용하게 되어 있다. 교사에게 피드백 받은 2단계 활동지 내용을 바탕으로 '나의 견해-이유'에서 한 걸음 더 나아가 '근거-예상 반론(또는 질문)-나의 답변'까지 논증을 체계적으로 구성하게 했다.

근거는 책을 인용하는 것이 기본이지만, 자신이 직접 경험한 일이나 보고 들은 세상 이야기도 신뢰성을 높이는 사례가 될 수 있다고 말했다. 자신의 견해가 저자의 주장과 일치할 때는 그 생각이 자신의 이야기로 구체화될 수 있도록 개인적 실천이나 방법적 고민이 들어가야 한다고 강조했다.

이 단계가 탄탄해야 글쓰기가 물 흐르듯 이어진다. 글쓰기 단계에서 힘들어하는 학생 중 상당수는 자신이 말하고자 하는 바를 명확히 정하지 못한 채 글을 쓰기 시작한다. 물론 글을 쓰면서 방향을 찾아가는 학생도 있지만, 비평은 방향과 메시지가 분명한 상태에서 시작하는 것이 좋다.

3단계 활동지 역시 두 번 정도 개별 피드백했다. "선생님, 한번 봐주세요!" 하고 자발적으로 요청하는 학생도 있었지만, 그와 별개로 전체 학생의 개요를 검토해 수정·보완할 점을 알려줬다. 특히 방향 자체를 잘못 잡은 경우에는 글을 다 쓴 뒤 되돌리기가 어렵기 때문에 적절한 시기에 피드백하는 것이 무엇보다 중요했다.

나의 목소리가 담긴 '세미나 원고'를 위해
[14~17차시] 합평과 퇴고로 단단한 비평문 완성하기

14~15차시는 초고 쓰기 시간이다. 아이들이 활용할 비평문 양식을 구글 클래스룸에 올려두고 교실에 들어갔다. 오늘 학생들의 준비물은 책, 3단계 활동지, 크롬북이다. 3단계 활동지에 내용이 충분히 마련되어 있고, 비평문 양식에도 작성 방법에 대한 안내 문구가 있어서 크게 어렵지 않게 글쓰기를 시작했다.

서론부터 쓰기보다는 본론과 결론을 먼저 쓰는 게 좋아요.
본문은 소제목 3~4개로 구성되어 있죠? 그중 세 개는
공통 도서를 기반으로 하고, 한 개는 개인 도서와의 연결이
드러나도록 해주세요. 흐름이 매끄럽다면 개요서의 순서와
달라도 괜찮습니다.

개요서의 한 소제목은 '나의 견해-이유-근거-예상 반론이나 질문-나의 답변'으로 구성해뒀다. 하지만 이를 글에 그대로 녹여내면 형식적이고 답답한 글이 되기 쉽다. 그래서 '예상 반론이나 질문'과 '나의 답변'은 필요할 때만 선택적으로 활용하도록 안내했다. '나의 견해-이유-근거' 순서도 반드시 지킬 필요는 없다. 자신이 말하고자 하는 바가 어떻게 하면 잘 전달될 수 있을지를 우선 고민하면 좋다고 덧붙였다.

분량은 정해두지 않았다. 평소 "1500자 이내로 쓰세요" 같은 기준에 먼저 반응하는 학생들이라서, 분량 제한이 없다고 하자 조금 당황한 표정이었다. 나는 아이들이 글쓰기 자체에 몰입하기를 바랐다. 필수 요소가 잘 들어가면 분량은 자연스럽게 충족된다. 대체로 하나의 소제목당 세 문단 이상이 나오며, 평균적으로 A4 용지 4~5쪽 분량이었다. 생각이 깊고 할 말이 많은 학생들은 10쪽을 넘기기도 했다. 다만 길다고 해서 잘 쓴 글은 아니므로 내용의 중복과 군더더기가 없는지 스스로 살피도록 했다. 책 속 구절을 근거로 가져올 때는 직접 인용과 간접 인용을 적절히 활용하게 했다.

아이들은 대부분 잘 쓰고 싶어 한다. 하고 싶은 말은 많지만 자기 기대만큼 써지지 않아 금세 좌절하기도 한다. 초고부터 잘 쓰기란 무척 어렵다. 합평과 퇴고가 있으니 너무 부담 가지지 말고 일단은 초고를 완성하는 것이 중요하다고 격려했다.

합평은 16~17차시에 진행했다. 글을 바라보는 시각이 다양하기에, 글 하나하나를 함께 살피며 고쳐 쓸 아이디어를 나누는 방식이 더 효과적이다. 모둠마다 자연스럽게 편집자 역할을 하는 학생이 있어, 만족스러운 대화를 이어가는 경우가 많았다. 학생들은 이 활동을 통해 글을 읽는 눈을 키우고, 퇴고 방법도 자연스럽게 익힌다.

합평이라는 활동 자체가 낯설 아이들을 위해 합평하는 방법과 듣는 방법을 PPT로 설명했다. 내가 강조한 사항은 다음과 같다.

✔ 긍정적인 면을 더 많이, 더 먼저 말하기
✔ 내용적인 면, 큰 부분부터 말하기
✔ 평가보다는 관찰과 사실로 구체적 근거를 들어 말하기
✔ 사람과 논리를 구별하기

자기 글에 대한 합평 피드백을 어디까지 받아들일지는 학생 스스로가 결정해야 한다. 합평 의견을 모두 수용할 필요는 없지만, 독자의 시선으로 퇴고할 것을 강조했다.

학생들이 쓴 비평문은 곧 독서 세미나의 발표 원고다. 이 시

기부터는 '비평문'보다 '세미나 원고'라는 말을 의식적으로 사용했다. 고쳐 쓴 비평문을 패들렛에 공유하며 비평문 쓰기 활동을 마무리했다.

"발표는 곧 자기 선언이다"
[18차시] 협력하며 준비하는 독서 세미나

새로운 활동을 시작할 때는 먼저 이해가 필요하다. 그래서 학생들이 이해할 만한 수준에서 독서 세미나를 정의해줬다. 세미나는 분야별로 진행한다. 환경 세미나, 인권 세미나, 예술 세미나 등이 매 차시 학급에서 펼쳐진다. 한 차시에는 한 분야의 세미나가 이뤄지므로 3~4명이 발표하게 된다. 발표 시간은 5분 내외다. 포스터 제작자, 사회자, 지정 토론 대표자, 강평자의 역할도 상세히 안내했다.

발표자들에게 지정 토론자들을 연결해주고, 사회자와 강평자 등의 역할을 부여하는 이유는 학생들 사이에 관계와 소통의 다리를 놓아 의사소통을 촉발하기 위함이다. 세미나 한 번을 준비하기 위해 여러 학생이 협력하고, 온·오프라인에서 끊임없이 대화를 나누는 실제적 상호 작용이 리터러시를 키운

독서 세미나 수업 안내

1. 독서 세미나란?

(1) 세미나: 고등 교육 기관에서 교수의 지도 아래 학생들이 공동으로 토론·연구하는 교육 방법을 말한다. 학회 등에서 지명된 몇몇 회원의 연구 발표를 토대로 전 회원이 토론하는 연구 활동을 지칭하기도 한다. 주로 교육 목적을 띤 회의로 연구회, 집중 강의, 전문가 회의의 성격을 가지고 있다.

– 구인환, 《Basic 고교생을 위한 국어 용어사전》 중에서

(2) 독서 세미나: 대구 매천고등학교에서 수준 높은 독자인 2학년 학생들이 두 권의 책을 읽고 모둠원과 함께 토론·연구하는 교육 방법을 말한다. 책을 읽은 후 다양한 연결을 시도하며 자기 생각을 명확히 드러낸 비평문을 발표·토론하는 연구 활동이다. 책을 통해 세상을 폭넓게 이해하고 자신만의 관점을 세우며, 끝내 우리의 삶을 돌아보는 주체적·비판적·성찰적 성격을 지닌다.

2. 세미나 내용과 순서

(1) 발표: 자신의 원고를 토대로 5분 내외로 발표한다. 단, 원고를 그대로 읽지 않고 재구조화해 내용을 마련한다. 청중을 고려해 쉽고 명확하게 말하며, 비언어적(표정, 시선, 몸동작, 자세)·준언어적(말소리의 크기, 높낮이, 속도, 어조) 표현 전략을 잘 활용한다.

(2) 지정 토론: 발표자의 원고를 미리 읽고, 지정 토론 질문지를 작성한다. 발표가 끝나면 준비한 질문을 발표자에게 한다.

(3) 청중 토론: 지정 토론이 끝나면 청중이 자유롭게 질의하고 발표자는 답변한다.

순서	상황	역할	해야 할 일
1	우리 모둠이 발표할 때	포스터 제작	세미나 최소 일주일 전에 포스터를 만들어 패들렛에 올리고, 세 장을 출력해(선생님께 부탁할 것!) 알터목, 토론실, 학급 게시판에 게시한다.
2	우리 모둠이 지정 토론할 때	토론자 대표	지정 토론을 맡은 세미나 발표 이틀 전까지 모둠원의 의견을 모아 작성한 지정 토론문(예시 양식 제공)을 패들렛에 올린다.
3	우리 모둠 다음 세미나에서	사회자	다음 세미나의 사회(사회자 예시 양식 제공)를 맡아 진행한다.
4		강평자	다음 세미나에서 세미나를 본 전체 소감을 발표한다.

다. 준비 과정이 조금 부산스럽지만, 첫 모둠 세미나가 끝나면 모두 어떻게 해야 할지 알게 된다. 토론실은 스스로 알아서 각자의 자리를 찾아가는 학생들로 분주해진다.

세미나 활동은 크게 세 가지 측면에서 중요하다.

가장 먼저 아이들이 서로의 글을 읽고 이야기를 나누는 자리가 필요하다. 또래의 글은 그 자체로 무척 매력적이다. 학생들은 친구들의 생각과 경험에 공감하며 서로 다른 시각을 접하게 된다. 이를 통해 자연스럽게 사고가 확장되고 글을 쓰는 방식도 서로에게 배우게 된다.

또 자신의 글을 청중 앞에서 공식적으로 발언하는 과정은 일종의 자기 선언이다. 텍스트가 말의 형식을 띠는 순간, 아이들은 자신의 생각을 사회적으로 공표하고 타인의 인정을 통해 정체성을 형성한다. 말은 쓰기와는 또 다른 무게와 긴장을 동반하기에, 이 경험은 자신의 생각과 태도를 재확인하는 계기가 된다.

마지막으로 말하기만이 가지는 현장성과 상호 작용성이 있다. 말하는 이와 듣는 이가 직접 마주한 상황에서는 물 흐르듯 소감과 질문이 오간다. 이런 실시간 반응은 인지를 조정하고 메타 인지를 이끄는 힘을 지닌다. 독서와 글쓰기는 때로 자기만의 사고에 갇히기가 쉽다. '확증 편향'이라는 개념처럼 스스로의 사고를 의심 없이 강화할 수 있기 때문이다. 하지만 화법은 상호 작용을 전제로 하기에, 질문에 답하며 서로의 생각 차이와 의미를 발견할 수 있다.

두근두근, 세미나실 문이 열리다
[19~25차시] 발표와 질의응답으로 사고 넓히기

각 반과 복도 알림판에 세미나를 알리는 포스터가 붙었다. 포스터는 세미나 시작 일주일 전에 제작해 게시했고, 세미나가 끝나면 바로 거뒀다. 포스터를 만들도록 한 이유는 세미나 활동이 공적인 자리로서 더욱 빛나도록 하기 위해서였다. 학생들이 조금 더 야무진 마음으로 세미나에 임하면 좋겠다는 생각이었다. 또 청중이 함께했으면 하는 바람도 있었다. 다행히 둘 다 어느 정도는 성공했다. 각 반 담임과 교과 선생님들께서 많은 관심을 보여주셨고, 아이들은 쉬는 시간에도 알림판 앞에서 책 이야기를 나눴다. 다가오는 세미나에 대한 걱정과 기대가 섞여 있었다.

나는 책상과 의자를 대형에 맞춰 정리하고 명패도 만들었다. 토론 수업에서는 '찬성 측' '반대 측' '사회자' '계시원'처럼 역할에 맞는 명패가 필요했지만, 이 활동은 자신의 이름이 필요했다. 그렇다고 모두 인쇄할 수는 없어 여러 방식을 고민하다가 종이만 잘라 비치해두고 발표자와 사회자가 직접 이름을 쓰도록 했다.

학생들이 자리에 앉으면 사회자의 멘트로 세미나가 시작된

세미나를 알리는 포스터

다. 사회자는 주제와 대상 도서를 알리고, 발표자와 지정 토론자를 소개한다. 세미나는 '발표-지정 토론-청중 토론' 순서로 진행되었고, 한 사람의 발표와 질의응답에 각각 10분씩 배정되었다.

(1) 자기 소신을 밝히는 발표

발표할 때는 세미나 원고를 바탕으로 하되, 시간에 맞게 재구성하도록 안내했다. 청중이 크롬북으로 발표자의 원고를 함께 보고 있으므로, 자신의 원고를 적절히 요약하고 설명하라고 했다. 발표용 글을 써보는 것이 도움이 되지만 강요하지는 않았다.

글을 잘 쓴 학생이 발표까지 잘하는 건 아니다. 글을 말로 전환할 때는 전달력이 중요하다. 세미나 초반에는 글을 그대로 읽는 수준에서 발표하는 학생이 많았다. 하지만 5분은 결코 긴 시간이 아니므로 원고 내용을 적절히 재조직해서 하고 싶은 이야기를 분명히 전달해야 한다. 한두 차례 세미나가 지나가면 학생들 스스로 좋은 발표가 무엇인지 깨닫게 된다.

빼어난 발표든 조금 서툰 발표든 자기가 쓴 비평문이 발표를 통해 의미를 얻는 순간, 아이들은 살아 있음을 느낀다. 누군가 자신의 이야기를 들어줄 때 말하는 사람은 존중받는다고 느끼기 때문이다.

가장 기억에 남는 장면은 서우의 발표였다. 서우는 말을 아주 천천히 하는 데다가 발음이 정확하지 않다. 그래서 서우의 말 속에 담긴 의미를 이해하기까지는 시간이 꽤 걸린다. 무엇보다 친구들 앞에서 말하는 것 자체가 부담이 되지 않을까 걱정되어 쉬는 시간에 복도에서 마주쳤을 때 발표에 참여할지 물어봤다. 잠시 고민하던 서우는 고개를 끄덕였고, 나는 "좋아!" 하며 서우의 등을 가볍게 두드려줬다.

서우의 발표가 있던 날에는 긴장된 발걸음으로 토론실에 들어갔다. 발표가 시작되자 서우는 특유의 느린 호흡으로 한 문장 한 문장을 최대한 성의껏 또박또박 읽어내려갔다. 친구들이 원고를 함께 보고 있었기에, 발음이나 목소리 크기 같은 부수적인 것은 크게 문제가 되지 않았다. 무엇보다 서우의 말에는 진심이 담겨 있었다. 서우가 발표를 마치자 평소보다 더 큰 박수가 터져나왔다.

아이들마다 출발선이 다르다는 중요한 사실을 다시 확인한 순간이었다. 그래서 청중과의 눈 맞춤이나 비언어적·준언어적 표현을 활용하라고 여러 번 강조하는 것과 별개로, 엄격하게 평가하지는 않았다. 아이들 각자에게 주어진 5분이 얼마나 떨리고 소중한 시간인지 알기 때문이다. 토론·세미나·발표 같은 화법 활동은 자기 발언권을 가지는 자리이므로, 너무 힘들고 부담스러운 경험으로 남지 않도록 해야 한다. 나는 서로 출발선이 달라도 각자의 그릇만큼 배우는 것이 의미 있다고 생각했다. 그래서 세미나 진행을 위해 갖춰야 할 최소한의 기준만 제시하고, 그 기준에 도달한 모든 학생에게 좋은 점수를 주려고 노력했다. 그래야 학생들이 경험을 주저하지 않는다.

(2) 세계관을 넓히는 지정 토론

발표가 끝나면 지정 토론조에서 먼저 소감을 말하고, 발표자에게 질문을 두 가지씩 한다. 지정 토론자는 세미나 전날까지

지정 토론문을 패들렛에 올리게 했다. 발표자의 긴장과 부담을 덜고, 질문에 대해 숙고할 시간을 주기 위해서였다.

지정 토론자는 토론실 앞자리에 앉게 했다. 지정 토론문을 미리 작성했더라도 발표자와 즉석에서 이뤄지는 상호 작용을 최대한 유도하기 위해서였다. 지정 토론문을 그대로 읽기보다는 발표자의 눈을 보며 말하고, 질문에 대한 답변이 만족스럽지 않을 때는 추가 질문을 던져 논의를 확장하도록 당부했다.

질문은 다양했다. 생략된 부분에 대한 추가 설명을 요구하기도 하고, 제목의 의미나 발표자의 개인적인 견해를 묻기도 했다. 글쓴이의 견해에 반박하는 내용이 질문으로 나오기도 하고, 발표자 본인도 인지하지 못했던 세계관의 모순을 예리하게 건들기도 했다. 세미나 원고만으로는 다 알지 못했던 아이들의 깊은 사고의 결이 토론 속에서 드러난다.

"발표 잘 들었습니다. 특히 저자가 '질서에 대한 집착'을 인간의 한계로 보고 주제를 이끌어간다는 부분이 무척 흥미로웠습니다. 그런데 발표를 들으면서 한 가지 궁금한 점이 생겼습니다. 과학이라는 게 원래 어떤 현상에 질서를 부여하고 찾아가는 과정이잖아요. 그런데 그것을 '집착'이라고 규정하니까, 자기모순처럼 느껴지기도 했습니다. 발표자께서는 이 부분을 어떻게 생각하나요?"

"좋은 질문 감사합니다. 말씀하신 것은 과학의 중요한 특성이죠. 다만 저자가 말하는 '집착'은 질서 그 자체보다는 그 질서를 절대적인 진리로 여기고 다른 가능성을 닫아버리는 태도를 가리킨다고 생각했습니다. 제 원고 5쪽을 보시면 '질서의 폭력'이라고 표현하기도 했는데요. 질서를 세우는 건 필요하지만, 그 안에만 머물면 결국 새로운 발견은 어려워진다는 뜻으로 이해했어요. 혼돈을 인정한다는 것은 무질서를 옹호한다는 의미가 아니라, 과학의 본질이 절대적 신념에 계속 의문을 제기하는 데 있다는 점을 말하고 싶었습니다."

아이들은 자신의 언어로 세계를 다시 설명하려 애썼고, 서로의 시선을 마주 보며 사고의 폭을 넓혀갔다. 우리는 늘 다른 사람들의 이야기에 귀를 기울여야 한다. 단순히 내가 알고 있는 것을 확인하는 데 그치지 않고, 서로의 견해 차이를 인지하며 자신의 생각을 조정하려는 그 순간, 세계관은 확장된다.

(3) 함께 만드는 청중 질의

발표와 지정 토론이 마무리되면 청중석에서 즉석 질문이 이어진다. 공격을 위한 질문이 아니라, 내용 이해를 돕고 논의를 더 깊게 하는 질문이 좋은 질문임을 수시로 이야기했다.

처음부터 질문이 활발하게 나오지는 않는다. 잠시 침묵을 견디면 한두 명씩 질문을 시작하고, 세미나를 거듭할수록 질문은 점점 많아진다. 청중의 질문으로 글을 더 깊이 있게 이해하게 되고, 주제를 다른 시각에서 바라볼 수 있다는 사실을 직접 경험하면서부터다. 질문을 잘하기 위해서는 잘 들어야 한다는 것, 즉 경청이 화법의 시작이라는 것도 배워간다. 청중 질의는 세미나의 몰입도를 높여준다. 질문과 경청의 힘은 화법을 통해서만 익힐 수 있는 소중한 배움이다.

발표를 듣는 현장에서 질문을 바로 만들어내기는 쉽지 않다. 그래서 청중(발표자, 사회자, 지정 토론자를 제외한 모두)에게 포스트잇을 발표자 수만큼 나눠주고, 발표를 들으며 떠오른 질문과 소감을 적도록 했다. 이 내용을 바탕으로 질문하되, 함께 나누지 못한 소감과 질문은 세미나가 끝난 후 화이트보드에 붙여 발표자가 직접 떼어가게 했다. 자연스럽게 서로의 생각을 읽고 피드백하는 활동으로 이어졌다.

어떤 질문이 나올지, 발표자가 어떻게 답할지 예측할 수 없기에 청중 참여 토론 시간이 세미나 중 가장 역동적이다. 질문이 활발하게 나오려면 자유로운 분위기를 조성해야 한다. '이런 질문을 해도 괜찮을까?' '이 질문을 왜 했냐고 하면 어떡하지?' 하는 걱정을 하지 않도록 편안한 분위기를 만들어야 한다.

"생각을 열어주는 좋은 질문이었어!"

"현수의 질문 덕분에 발표자의 생각을 더 깊이 들을 수 있었네. 질문 정말 잘했다."

나의 호들갑스러운 칭찬에 아이들이 멋쩍게 웃었다. 그 웃음 속에는 안도와 자신감이 묻어 있었다. 아이들은 질문을 던지고 답하면서 수업의 중심에 선다. 누군가의 말이 다른 누군가의 생각을 열고, 그들이 주고받는 대화가 다시 새로운 질문으로 이어진다. 화법은 그 순환의 중심에 있다.

질문이 이끈 '글과의 두 번째 만남'
[26차시] 최종 제출과 설문으로 수업 되돌아보기

"선생님, 글 다시 손볼 수 없나요?"

"글에서 수정할 부분이 자꾸 보여요. 그냥 둘 수가 없어요."

세미나가 끝난 뒤 나를 찾아온 아이들이 자주 했던 말이다. 요청이 많아 1차시를 따로 배정했다. 평가와는 관계없이, 이만하면 지겨울 텐데도 마지막까지 글을 고쳐 쓰려는 모습이 기특했다. 발표 원고로 다시 구성하고, 지정 토론자와 청중으로부터 질문을 받으면서 자신의 글을 다시 바라보게 된 것이다. 공통적인 질문이 많다는 건 내가 글에서 충분히 설득하지 못했다는 뜻이기도 했다.

아이들의 글은 학급 문집으로 엮어 나눠줄 계획이었기에, 수정이 필요 없다고 말하는 학생들에게도 다시 한번 점검해 보기를 권했다. 최종본 제출 후에는 설문을 통해 자신의 활동을 돌아보고 평가하도록 했다. 좋았던 점과 아쉬웠던 점을 물어보면서 나도 수업 전체에 대한 피드백을 받았다. 학생들의 솔직한 마음이 담긴 수업 소감을 소개한다.

평소 즉석에서 질문하는 데에 어려움을 느껴서 초반에 친구의 글을 미리 읽어보고 질문을 만들어서 친구에게 준비한 질문을 했었다. 하지만 세미나를 계속 진행하는 과정에서 다른 친구들이 질문하고 답변하는 방식을 보면서, 질문을 미리 준비하며 처음부터 큰 무게감을 두지 않아도 작은 질문부터 서로 상호 작용하면서 질문과 답변이 충분히 깊이 있고 유익해질 수 있다는 것을 깨달았다. 그래서 다음 질문부터는 간략하게 하고, 질문의 답에 대한 재정리 질문을 통해 확실하게 궁금증을 해소할 수 있도록 했다. 누군가의 글을 읽고 질문하다 내가 잘못 이야기할까 봐 항상 두려움이 있었는데, 이번에 세미나를 통해

나의 발표에 대해 질문을 해주는 친구들이 있어서 드러나지 않은 이야기를 오히려 상세히 할 수 있고, 누군가가 내 글을 꼼꼼히 읽어주는 게 무척 고마운 일이라는 것을 알게 되었다.

(매천고등학교 2학년 임서현)

지정 토론 질문은 미리 준비해 정확한 답변을 한다는 점이 좋고, 청중 질의 시간에 받는 즉석 질문은 '내가 나의 글을 얼마나 이해하고 있는가?'에 대해 스스로 돌아볼 수 있었기에 각각의 차이점이 느껴졌다. 의미 있게 얻은 것은 내가 읽은 책에 대해 말하는 경험이다. 지금까지 책을 읽으면 독서 감상문과 같은 소감을 쓰는 경험밖에 하지 못했는데, 세미나 발표를 통해 하나의 책을 두고 직접 구술하며 나의 의견을 청중에게 설명하니 마치 내가 작가가 된 것 같았다. 나의 성향상 수행평가가 아니었다면 세미나 같은 기회가 있어도 자진해서 수행하지 않았을 텐데, 한 번 해보니 진입장벽도 크게 높지 않고 친구들 앞에서 내 의견을 말한다는 게 즐거운 일이라는 것을 깨달았다.

(매천고등학교 2학년 권혜인)

세미나가 진행되는 50분 동안 내가 말하는 시간은 5분을 넘지 않는다. 지정 토론 질문과 청중 질의 질문의 성격 차이나, 이 수업의 장점을 따로 설명한 적도 없었다. 오직 경험으로 중요한 것을 스스로 알아가는 학생들을 보는 일이 수업 진행 과정의 고단함을 잊게 했다.

학생들이 남겨준 수업 소감에는 서현이나 혜인이처럼 세미나 자체에 대한 의견뿐 아니라 독서와 작문, 화법이 어우러진 융합 수업 전체에 대한 평가도 많았다.

모둠끼리 같은 책을 읽었지만, 개인 책은 따로 읽어서 세미나 한 차시에 네 명의 글이 서로 다른 주제를 지니게 된다는 점이 참신하고도 지루하지 않아서 즐거웠다. 게다가 글쓰기 능력은 물론이거니와 발표 실력까지 키울 수 있는 기회여서 더할 나위 없이 완벽성을 느낀 프로젝트였다.

(매천고등학교 2학년 이주진)

주진이의 소감을 읽으며 학생들을 다시 생각한다. 아이들은 더 자라고 싶어 한다. 더 잘 읽고, 더 잘 쓰고, 더 잘 듣고, 더 잘 말하고 싶어 한다. 아이들은 의미 있는 배움 앞에서 누구보다 진지하고 열린 자세로 참여했다. 그 모습이 나에게 또 다른 용기를 준다. 말과 말 사이를 오가며 자신의 언어를 찾아가는 아이들의 모습을 계속 보고 싶다.

아이들의 언어가
살아 숨 쉴 수 있도록

요즘 아이들은 문해력이 낮다는 말이 자주 들린다. '요즘 아이들'이라는 표현은 개개인의 특징을 납작하게 누르는 거친 말일 수 있다. 그럼에도 시대를 관통하는 어떤 분위기나 경향이 존재한다면, 요즘 아이들은 문해력이 부족하다기보다 이해와 표현 방식이 달라졌다고 말하는 편이 더 정확하다. 문자보다 이미지에 익숙하고, 설명보다 직관을 즐긴다. 무엇보다 자기표현력이 놀라울 만큼 뛰어나다.

학교에서 학생들을 가만히 살펴보면, 쉬는 시간에 복도와 운동장에서 춤추며 릴스를 찍고 체육대회, 수학여행, 축제, 졸업 사진 촬영에서도 자신을 드러내는 일을 즐긴다. 이는 단순한 흥미 추구가 아니라, 자신을 세상에 드러내고 관계를 형성하려는 본능적인 시도다. 다만 그 에너지가 이미지나 외면적 표현에만 집중되는 경우가 많다. 아이들의 이런 자기표현 욕구를 언어적 역량으로 확장시킬 수 있는 방법이 바로 '화법' 수업에 있다. '쓰기' 중심의 자기표현을 넘어, '말하기'라는 또 다른 창구를 열어주는 것이다.

이 수업을 설계하고 실행하는 과정에서 나도 교사로서 중심을 다시 잡을 수 있었다. 읽고 쓰고 듣고 말하고, 다시 읽고 듣고 말하고 쓰는 순환적 흐름 속에서 언어적 사고력은 총체적으로 자란다는 사실을 온몸으로 실감했다. 따라서 수업은 네 영역을 유기적으로 넘나들도록 구성되어야 한다는 단순한 원칙을 수업 흐름에 따라 조금씩 성장하는 아이들을 보며 다시금 깨닫게 된다.

하지만 '좋은 수업'의 방향을 알면서도 실천하지 못할 때가 많다. 수업 시수 부족, 과도한 평가 압박, 행정 업무 과중은 새로운 수업을 시도할 용기를 꺾는다. 나 역시 "지금은 어렵다" "이번 학기엔 힘들다"라는 말로 스스로를 설득해왔다. 하지만 수업을 살리는 힘은 결국 교사에게 있다. 아이들의 삶과 언어가 교실에서 살아 숨 쉴 수 있도록 교사 역시 익숙한 방식을 넘어설 용기가 필요하다. 수업 안에서 단 한 번의 '경청'과 '소통'의 순간을 만들어내는 일이야말로 진짜 변화의 시작일 수 있다.

긴 호흡의 수업은 교사 혼자의 힘만으로는 알차게 완성되기 어렵다. 이 수업 역시 교육 철학을 공유하고 교육과정을 함께 재구성한 동료 교사가 있었기에 가능했다. 주당 4차시 국어 수업을 세 명의 교사가 2차시씩 나눠 함께 운영하며 긴 흐름을 이어갈 수 있었다. 모든 것은 협업의 힘이다.

앞으로도 이 길을 동료들과 함께 걷고 싶다. 나란히 발맞춰 노래를 부르고, 때로는 멈춰 서서 숨을 고르며, 함께 오래도록 더 멀리 나아가고 싶다.

1. 독서일지(2~5차시, 9~12차시)

책 읽은 시간	월　일　요일　교시		책 준비	O　X
책 정보	책 제목 (저자)		(□ 모둠 책 □ 개별 책)	
	오늘 읽은 부분	(　　)쪽~(　　)쪽	읽어올 부분	(　　　)쪽까지
한 줄 소감				
요약하기, 핵심 내용 파악하기 (책을 읽으면서 자신만의 방법으로 내용을 요약하고, 핵심 내용을 정리하세요)				

질문하기 (책을 읽으면서 떠오르는 궁금증이나 친구들과 함께 이야기하고 싶은 질문을 적어보세요)	질문 1	선생님 확인
	질문 2	

2. 독서 비평 쓰기 2단계 활동지(8차시)

도서명 (모둠 도서)		저자		작성일	. . .	작성자	

나	나의 한 줄 평		나의 별점 ☆☆☆☆☆
책	저자의 핵심 메시지를 한 문단(3~7문장)으로 정리해보세요.	저자가 메시지를 전달하는 방식(형식상·표현상 특징)을 분석해보세요. 그 효과를 평가해보세요.	
	세부 메시지 1	세부 메시지 2	세부 메시지 3
	이유	이유	이유
	근거	근거	근거
나 (결론)	나의 견해 1	나의 견해 2	나의 견해 3
	이유	이유	이유

	소제목: _______	소제목: _______	소제목: _______
	나의 견해	나의 견해	나의 견해
	이유:	이유:	이유:
	근거:	근거:	근거:
	예상 반론(또는 질문):	예상 반론(또는 질문):	예상 반론(또는 질문):
	나의 답변:	나의 답변:	나의 답변:
결론	● 결론에는 글을 통해 하고 싶은 중요한 말을 명확하게 씁니다. 글의 완성도를 높이려면 서론, 본론과의 통일성도 생각해보세요. 결론을 먼저 쓰면 하고 싶은 말이 분명해져서 서론과 본론을 쓰는 데 도움이 됩니다.		
	소제목: _______		

3. 독서 비평 쓰기 3단계 활동지(13차시)

모둠 도서 (도서명, 저자)		개인 도서 (도서명, 저자)		작성일	. . .	작성자	

서론	● 독자가 '이 글을 계속 읽고 싶어!' 하는 마음이 들려면 어떻게 시작하는 것이 좋을까요? 정해진 규칙은 없지만, 다음을 참고해보세요. - 글을 쓰는 이유나 목적으로 시작하기, 질문으로 시작하기, 문제 제기로 시작하기, 시사적인 에피소드로 시작하기, 책이나 영화 등 배경지식으로 시작하기, 속담·격언·명언 등 짧은 글 인용으로 시작하기, 정의 내리며 시작하기, 독특한 자신만의 경험으로 시작하기, 통계 자료로 시작하기, 책 전체 요약으로 시작하기 소제목:	
본론	● 2단계 활동지의 세부 메시지를 비평문(세미나 원고) 본론으로 바꿉니다. 책에 대한 자신의 견해를 밝히고, 이유와 근거를 적습니다. 근거는 책(모둠 책, 개인 책 모두 가능)에서 하나 이상을 반드시 가져오고, 그 외 자신의 경험이나 보고들은 세상 이야기로 설득력을 높여도 좋습니다.	● 개인 도서와 연결을 시도해보세요. 소재, 주제, 문제 해결 방법, 글의 표현 방법, 태도와 자세 등 무엇이든 좋습니다.